Das Wunder von Deutschland

Bibliografische Information Der Deutschen Bibliothek:
Die Deutsche Bibliothek verzeichnet diese Publikation in der Deutschen Nationalbibliografie; detaillierte bibliografische Daten sind im Internet über <http://dnb.ddb.de> abrufbar

1. Auflage 2006

Herstellung und Verlag: Books on Demand GmbH, Norderstedt
Umschlaggestaltung, Layout und Satz:
Sylvia Reischert, www.see-eye.de, Bonn
Foto: www.photocase.de

ISBN 3-8334-6483-6
ISBN 978-3-8334-6483-6

Matthias Möseler

Das Wunder von Deutschland

Zeit

Kaum bist du geboren
Schon bist du verloren
In der Zeit
Sei bereit gehe weit
In der Zeit
Nur so kannst du verstehen
Und die Dinge sehen
Wie sie wurden was sie sind
So kannst du begreifen
Das es geht
Wenn man sich dreht
Zu verändern statt zu lassen
Sich zu lieben statt zu hassen
Und ganz neu bewerten
Was die Alten ehrten

Herbert Niesen

Inhaltsverzeichnis

I. Vorwort

Ich schrieb dieses Buch unter dem Eindruck der Geschehnisse, die sich im Sommer 2006 während der Fußball-Weltmeisterschaft in Deutschland ereigneten. Als Beobachter und langjähriger Fußballanhänger war ich nicht nur von den rein sportlichen Begegnungen dieses Turniers, und insbesondere denen der deutschen Mannschaft, fasziniert. Die ausgelassene Stimmung in den Städten und überall dort wo Menschen beim „Public Viewing" bzw. an anderen Orten und zu anderen Gelegenheiten gemeinsam die Erfolge der Einen oder die Niederlagen der Anderen feierten, zogen mich in ihren Bann. Es gab wahrscheinlich keine Stadt und keinen noch so kleinen Landstrich in Deutschland, in dem nicht zahllose Anhänger der deutschen Fußballnationalmannschaft die Erfolge ihres Teams einerseits, aber auch sich selber andererseits feierten. Je weiter sich das Turnier und die Stimmung im Land entwickelten, desto patriotischer wurden die Bekundungen der Menschen, ohne dabei einen ungesunden Nationalismus erneut aus der Taufe zu heben. „Deutschland" war der neue Star der Veranstaltung und das Herausstellen eines positiven Nationalismus wurde nach und nach wieder zu einem alltäglichen und völlig normalen Zustand. Nun haben wir Deutsche so unsere schlechten Erfahrungen mit Patriotismus und Nationalismus gemacht, wie die Meisten von uns sicher wissen werden. Diesem ist jedoch an anderen Stellen mehr als hinreichend Rechnung getragen worden, und ich halte es persönlich für absolut notwendig, dass wir alle dieser Zeit und ihren Opfern gedenken. Aber nach über sechzig Jahren, in den Deutschland zu einer stabilen und friedlichen Demokratie – trotz aller Widrigkeiten, wie im Nachfolgenden näher beleuchtet – werden konnte, die heute ein international ge- und beachteter Partner ist, ist es auch an der Zeit einmal wieder auf die positiven Seiten einer nationalen Verbundenheit zu sprechen zu kommen, ohne mit dem roten Kopf eines verklemmten „Krauts" Wahrheiten in Geschichtsbüchern zu lesen. Geschichte ist von Menschen gemacht und sie ist für alle da. Also sorgen wir dafür, dass sich die Menschen auch wieder positiv über Deutschland äußern. Dieses Buch mag einen kleinen Anstoß geben.

Wohl nicht im Traum hätten die Organisatoren des Deutschen Fußballbundes oder gar deutsche Politiker aus Bund und Ländern daran gedacht, dass ein sportliches Großereignis eine derartige Dynamik entwickeln könnte, durch die sich ein ganzes Volk nicht nur hinter das eigene Team stellte, sondern sich ebenso als Deutsche, mit all ihren positiven Eigenschaften, zu erkennen gaben. Das haben wohl nicht nur die Deutschen an sich niemals für möglich gehalten, auch das Ausland rieb sich verwundert die Augen und war voll des Lobes über die Gastgeber und ihr Verhalten. Deutsche müssen sich offenbar im Ausland nicht mehr verstecken. Auch wenn ich selber nicht mit Fahnen und Bemalungen durch die Straßen gezogen bin, bin ich stolz auf mein Land. In diesem Stolz verbinde ich eine Genugtuung über die freundschaftliche Stimmung während der Weltmeisterschaft, die hoffentlich über den Tag hinaus anhalten möge, und meine Freude darüber, dass sich Deutschland und seine Gesellschaft nach einem strapaziösen und denkwürdigen Jahrhundert zweier Kriege, Diktaturen, Völkermord und Wiedervereinigung zu normalisieren scheint. Und gerade diese Normalisierung ist es, auf die ich in diesem Buch besonders eingehen möchte.

Die Deutsche Einheit ist hier Einschnitt und Neuanfang zugleich. Um beides zu begreifen müssen wir uns in ihre Geschichte begeben und einen Abriss der vergangenen eineinhalb Jahrzehnte zeichnen, die ereignis- und folgenreich waren. Wer Vollständigkeit aller Ereignisse erwartet, den muss ich schon hier enttäuschen. Geschichtliche Fakten in Verbindung mit meinen persönlichen Interpretationen sollen Sie als Leser zum individuellen Nachdenken anregen. Nicht mehr, aber auch nicht weniger. Mein Ansinnen war es eher, anhand einiger Beispiele auf Fehlentwicklungen zu sprechen zu kommen, deren Tragweite für die Zeit nach der Wiedervereinigung unübersehbar war und teilweise noch ist und damit auch einen großen Einfluss auf den jahrelangen Stillstand in unserem Land nehmen konnte.

Ich möchte mit diesem Buch all denjenigen Lesestoff an die Hand geben, die sich auch einmal mit diesen Phänomenen im Zuge der Weltmeisterschaft auseinandersetzen wollen. Die Weltmeisterschaft gab somit Grund zur Freude und Nachdenklichkeit zugleich. Ich hoffe, Diskussionen über verschiedene Bereiche anzustoßen, so dass wir letztlich ein wenig mehr über unser Land und damit uns selber erfahren. Wenn wir nicht mehr auf uns selbst reflektieren können, dann verlieren wir den Blick in den Seelenzustand unseres Landes, das größte Schwierigkeiten trotz vieler widrigen Bedingungen gemeistert hat. Die Menschen, die daran mitwirkten sind die eigentlichen Stars der Stunde. Ich gebe meiner Hoffnung offen

Ausdruck, dass sich die Karrieren dieser Stars fortsetzen mögen. Es bereitet mir wirklich große Freude, gerade zu ihnen aufschauen zu können. Der Ruhm eines Fußballweltmeisters ist schnell vergänglich: Erinnern wir uns nur einmal zurück in das Jahr 1992 als lediglich nachgerückte Dänen bei einer Europameisterschaft den amtierenden Weltmeister Deutschland ganz alt haben aussehen lassen. Daraus lernen wir vor allem eines, die Insignien pflegen ihren Träger zu überdauern. Bei aller Euphorie dürfen wir dies nicht vergessen.

Als ich dieses Buch zu schreiben begann, dachte ich an meine Tochter. Ich hoffe, ich kann ihr mit diesem Büchlein ein wenig Freude bereiten. Auch sie wird eines Tages damit beginnen, einen ersten Einblick in die ältere und neuere Geschichte ihrer Heimat zu nehmen. Ihr und allen Kindern, wie insbesondere jungen Menschen an sich, möchte ich den Einstieg ein wenig erleichtern.

Ich schrieb dieses Buch für meine Tochter. Ihr ist es gewidmet, denn sie ist alles für mich.

Bonn, im September 2006

Matthias Möseler

II. Einleitung

Schon heute, wenige Monate nach dem Beginn der Fußball-Weltmeisterschaft in Deutschland, ist der 9 Juni des Jahres 2006 ein historisches Datum. Zwar war der Sieg der deutschen Fußballnationalmannschaft im Eröffnungsspiel der WM gegen die Auswahl Costa-Ricas in München keine sportliche Offenbarung, aber mit diesem Startschuss folgten vier Wochen der Euphorie, welcher eine neue Aufbruchstimmung entsprang. Wohl niemand hätte es für möglich gehalten, dass sich ein ganzes Land derart mit seiner Mannschaft identifizierte und dabei auch die eigene Identität und Nationalität wiederentdeckte. Waren die Autofahnen im Vorfeld noch ein müde belächelter Marketinggag verschiedener Unternehmen aber auch zahlreicher Boulevardzeitungen gewesen, so wurden sie im Verlauf des Turniers zu einem Symbol der Verbundenheit von Menschen mit ihrem Heimatland, auf das sie nun wieder mit Stolz blickten. Dies ist umso erwähnenswerter, wenn man sich einmal ein paar Gedanken darüber macht was seit der Wiedervereinigung des Landes, die auch gerade einmal eineinhalb Jahrzehnte zurückliegt, geschehen oder besser nicht geschehen ist. Was weder die Politik noch gesellschaftliche oder gar religiöse Gruppen vermochten, nämlich ein Gefühl der wirklichen Zusammengehörigkeit zu erzeugen, schafften die Menschen selber in einem Gemisch aus sportlicher Begeisterung und dem Ausbruch aus einer wahrhaftigen Erstarrung, welche das Land vor Jahren erfasste und bis dato noch nicht wieder freiließ.

Die Mannschaft von Bundestrainer Jürgen Klinsmann hatte durch ihre sportlichen Auftritte zwar einen maßgeblichen Anteil an der erzeugten Stimmung, aber die Dynamik mit der sich die Menschen in ihrer Freudenlaune selber übertrafen speiste sich letztlich aus sich selber und entfachte einen Flächenbrand, dem sich auch unsere zahlreichen ausländischen Gäste selbst dann nicht entziehen konnten, als ihre eigenen Mannschaften bereits frühzeitig die Heimreise antreten mussten. Das Ausland hob nach einiger Zeit die uralten Scheuklappen ab, die es stets beim eher argwöhnischen Blick auf Deutschland aufsetzte. Man traute seinen Augen nicht, als Millionen junger Menschen auf den Straßen und Plätzen der Städte ausgelassen feierten und in ihrem Taumel alle einbezogen, die durch ihre Stimmung und ihren guten Willen zu einem Freudenfest beitragen wollten. Herkunft und Sprache, Nationalität und Religion, Aussehen und Kultur, sie verschmolzen in einem Tiegel aufrichtiger und herzlicher Freude. Selbst die größten Skeptiker ließen nach und nach ihre Zweifel über Bord gehen und waren mitgerissen von dieser Energie, die ein ganzes Land in einen positiven Ausnahmezustand versetzten.

Es ist nicht der Ruf eines „Wir sind wieder wer"! Denn die Frage nach dem, „Wer waren wir denn?", muss erst einmal beantwortet werden. Es ist der einladende Ruf des, „freut euch mit uns und lasst uns feiern", welcher durch die verstaubten Korridore des Landes wehte und ein völlig neues Bild Deutschlands zu erschaffen half, das die Welt nun wieder von unserem Land hat. Auch wenn die Geschichte Deutschlands nicht in Vergessenheit geraten darf und wohl über die Zeiten in den Geschichtsbüchern fest verankert als Mahnung für alle kommenden Generationen niedergeschrieben bleiben wird, so zeigt sich das Land mit seinen Menschen heute als ein weltoffener und freundlicher Gastgeber, der sich der Historie bewusst bleiben wird bei seinem Weg in die Zukunft.

Mit diesem Buch möchte ich lediglich die Geschichte der „Weltmeisterschaft in den Straßen und auf den Plätzen" nacherzählen. Diese bildet die Klammer um eine Betrachtung, welche das Land von seiner Wiedervereinigung bis zu jenem 9. Juni 2006 ins Fadenkreuz nimmt. Ohne die Entwicklungen, die unser Land nach der Einheit nahm wäre vieles im Juni und Juli 2006 nicht möglich, aber auch nicht logisch gewesen. Geschichte entwickelt sich manchmal in langwierigen und anscheinend langatmigen Prozessen. Am Beispiel Deutschlands des Jahres 2006 zeigt sich, dass dies auch anders aussehen kann, denn nicht nur das sportliche Großereignis dieses Jahres glich einem Dammbruch in der deutschen Gesellschaft, ebenso unvorbereitet war sie und ihre politischen Spitzen in den Wendejahren, an deren Ende wir immer noch nicht angelangt sind, welche jedoch inzwischen zur Vereinigung der beiden deutschen Staaten führte.

Die Geister derjenigen, die viel gelehrter sind als ich selber und dies auch immer sein werden, werden sich hoffentlich an diesem Werk scheiden. Vielleicht werden all meine Sätze widerlegt, möglicherweise vermuten einige, meine Darlegungen seien in irgendeiner Weise politisch motiviert. Nichts davon ist richtig. Es steht mir keinesfalls zu, ein Urteil über Parteien, Politiker oder sonstige handelnde Personen jener Jahre zu fällen, denn ich muss und ich will ihnen allen unterstellen, dass sie stets nach bestem Wissen und Gewissen handelten. In der rückwärtigen Betrachtung darf allerdings die Frage erlaubt sein, wie groß das individuelle Wissen war, oder aber von wem sich Politiker haben beraten lassen? Ich werde diese Fragen bewusst offenlassen, damit Sie sich als Leser selber einige eigene Gedanken machen können, nach denen Sie das eine oder andere vielleicht einmal anders wahrnehmen werden, als dies beispielsweise über die allgegenwärtigen und oft subjektiv berichtenden Medien transportiert wird. Deutschland lebt von Ideen und solche Ideen entspringen dem individuellen Denken Einzelner und dem Bündeln dieser Gedanken in sinnvollen und nachvollziehbaren Zusammenhängen. Wenn wir uns vom selbstständigen Denken verabschieden, geben wir einen großen Teil unserer Einflussmöglichkeiten preis, und genau das muss unter allen Umständen und für alle Zeiten verhindert werden. Deutschland ist ein Land im Herzen Europas wie jedes andere auch. Wir sind in der Lage uns und unser Heimatland als solches wahrzunehmen und weiterzuentwickeln. Ich rate dazu, wenn mir ein Rat überhaupt anstehen möge, dies in einem neuen Kontext zu tun. Wir sind ein Land voller denkender und aufgeklärter Menschen, die sich eines gesunden Selbstbewusstseins sicher sein sollten. Allerdings sind wir nicht das Land der Dichter und Denker, jedenfalls nicht mehr als alle anderen Länder auch. Zudem sind die Dichter und Denker, auf die wir stets verweisen längst verstorben und leben ausschließlich in und durch ihre Erfindungen und Werke weiter. Wollen wir also auch in Zukunft dichtend und denkend an der Veränderung der Gesellschaft mitwirken, müssen wir langsam damit beginnen, dies auf der Basis eigener Gedanken, ihren Weiterentwicklungen und Ableitungen für die Realität auch zu tun.

Ohne deren Erbe zu vergessen, müssen wir uns weiterentwickeln. So wichtig diese Erkenntnis ist, so offensichtlich wurde sie in vielen Jahren nach der Deutschen Einheit einfach ignoriert oder schlicht verschlafen. Aus welchen Gründen auch immer. Die Weltmeisterschaft und ihre Botschaft in die Gesellschaft hinein ist ein weiterer Startschuss gewesen, den wir nun als Schwung für die Zukunft unseres Landes und seiner Gesellschaft mitnehmen müssen. Manchmal geschehen einschneidende Ereignisse ohne Vorwarnung und treffen die Menschen unvorbereitet. Dies macht solche Geschehnisse nicht weniger wichtig, das macht sie wertvoll, und sie geben allen die Chance der gleichberechtigten Teilhabe.

Ich hoffe mit diesem Buch insbesondere junge Menschen zu erreichen. Ihnen möchte ich eine erste Orientierung bei ihren Versuchen geben, die zurückliegenden Wochen für sich selber einzuordnen. Aus diesem Grund habe ich bewusst weitestgehend auf wissenschaftliche Terminologien verzichtet. Diese würden nur weitere Fragen aufwerfen und damit von der Lektüre ablenken und Verwirrung stiften. Sollte mir dies an einzelnen Stellen misslungen sein, so schiebe ich dies nicht auf einen unterentwickelten Wortschatz, sondern nicht zuletzt darauf, dass eben viele Dinge kaum anders als getan zu beschreiben sind.

Ich bin stolz auf unser Land, denn seine Menschen haben in vielen schwierigen und manchmal aussichtslosen Zeiten Großartiges geleistet. Aber vergessen wir eines nicht, es gibt einen großen Unterschied zwischen dem Stolz auf Deutschland und einem „stolzen Deutschen". Letzterem will ich hier keine Nahrung geben, zudem ist sein eigener Horizont im Wesentlichen lediglich auf die Zeit beschränkt, die 1933 begann und 1945 ein jähes Ende fand, nachdem Millionen Menschen einen gewaltsamen Tod fanden. In diesem 9. Juni 2006, dem Tag als alles begann, hat ein „stolzer Deutscher" nichts zu suchen.

III. Hauptteil

1. Die (un)scheinbare sportliche Bilanz

Auch wenn die Fußball-Weltmeisterschaft nicht die zentrale Rolle bei meiner Betrachtung ist, so dürfen die wesentlichen Ergebnisse an dieser Stelle in aller Kürze zusammengefasst werden.

Italien hieß der Gewinner des Turniers in Deutschland und durfte sich zu Recht als neuer Fußball-Weltmeister 2006 feiern lassen. In einem spannenden, jedoch alles andere als hochklassigem Finale besiegte das Team von Cheftrainer Marcello Lippi die Mannschaft aus Frankreich nach Elfmeterschießen mit 6 – 4. Der französische Kapitän Zinedine Zidane verschaffte sich mit seinem persönlichen Ausraster gegen den Italiener Materazzi, und dem damit verbundenen vierzehnten (14!) Platzverweis seiner Karriere, einen unrühmlichen Abgang und trug zu dem Gefühl der Gastgeber bei, dass sich die eigene, ausgezeichnet spielende Mannschaft letztlich nur dem neuen Titelträger in der Runde der letzten Vier beugen musste. Der Franzose Zindedine Zidane selber wurde anschließend vom Fußball-Weltverband dennoch zum besten Spieler des Turniers ausgezeichnet, während der deutsche Stürmer Miroslav Klose mit dem goldenen Schuh als bester Torschütze des Turniers dekoriert wurde. Bei einem nüchternen Blick auf die sportlichen Fakten ist allerdings keineswegs erkennbar, dass die Fußball Weltmeisterschaft 2006 ein herausragendes Ereignis unter fußballerischen Gesichtspunkten gewesen wäre.

Sowohl im spielerischen als auch im taktischen Bereich ergaben sich kaum Neuerungen. Die durchschnittliche Toranzahl pro Begegnung bewegt sich, gemessen an der Historie aller Weltmeisterschaften, auf einem eher unterdurchschnittlichen Niveau und auch sonst versammelten sich unter den besten Mannschaften des Turniers wieder einmal die „üblichen Verdächtigen", welche man zumindest ansatzweise in den Kreis der Favoriten gezählt hätte. Brasilien und Argentinien sind zwar den eigenen Erwartungen ebenso wenig gerecht geworden wie beispielsweise Spanien oder etwa die Niederlande, aber alles in allem nahm das Turnier einen eher erwartungsgemäßen Ausgang.

Die Mannschaften des afrikanischen Kontinents präsentierten sich wie bei vielen vergangenen Weltmeisterschaften als überaus spielfreudig und werden immer disziplinierter, jedoch fehlte ihnen vielfach in den entscheidenden Situationen zumeist Nervenstärke und Fortune vor des Gegners Tor. Die Elfenbeinküste aber auch Ghana erwiesen dennoch, dass mit dem „schwarzen Kontinent" spätestens im Jahr 2010, wenn die Titelkämpfe in Südafrika stattfinden werden, zu rechnen sein wird. Vielfach waren es die ohnehin bereits in Europa spielenden Akteure, wie etwa Didier Drogba von der Elfenbeinküste, welche dem Fußball ihrer Mannschaft Glanz verliehen. Doch gerade das Beispiel der ghanaischen „Black Stars" im Achtelfinale gegen Titelverteidiger Brasilien offenbarte die Probleme der Mannschaften vom afrikanischen Kontinent, in den alles entscheidenden Situationen gegen die ganz Großen des Weltfußballs. Selten gelang einer behäbigen und passiven Mannschaft, wie der brasilianischen „Selecao" in jener Begegnung in Dortmund gegen Ghana, ein deutlicherer Sieg in einem KO-Spiel. Mit 3 – 0 fiel das Endergebnis deutlich zugunsten der Ballzauberer vom Zuckerhut aus, die sich im folgenden Viertelfinale einem grandios aufspielenden Zidane und seinen französischen Mannschaftskollegen vollkommen verdient beugen mussten.

Trinidad und Tobago lieferte mit einer Trainer- und Antrittsgeldposse einen eher vergnüglichen Seitenblick, auch wenn dies der deutsche Trainer der Mannschaft Otto Pfister anders sehen wird, während hochgehandelte Mannschaften, wie etwa das Starensemble aus Tschechien um Pavel Nedved und Tomás Rosicky, frühzeitig die Heimreise antrat. Die Ukraine erreichte bei ihrer ersten Teilnahme an einer Weltmeisterschaft das Viertelfinale, ohne auch nur in Ansätzen eigene Klasse nachzuweisen zu können und Spanier wie Engländer scheiterten früh gegen vermeintlich bezwingbare Gegner. Wirklich bemerkenswert waren die erstaunlich guten Auftritte Australiens, das sich in der Vorrunde sehr spiel- und kampfstark präsentierte und im Achtelfinale nur wegen eines zweifelhaften Elfmeterpfiffs am späteren Weltmeister aus Italien nach einer erneut sehr guten Leistung scheiterte. Immerhin hatte sich die Mannschaft zum ersten Mal seit 1974, erneut in Deutschland, für die Titelkämpfe qualifizieren können.

Die deutsche Organisation um Franz Beckenbauer lieferte ganze Arbeit, denn das anfangs erwartete Ticketchaos blieb aus. Die Begegnungen waren beinahe allesamt nicht nur ausverkauft, sondern auch entsprechend gut besucht und dadurch legte man die Meßlatte für alle zukünftigen Weltmeisterschaften in eine kaum erreichbare Höhe. Sogar Fifa-Präsident Blatter schwelgte in Superlativen, als er vergleichbar mit dem ehemaligen IOC-Präsidenten Juan-Antonio Samaranch von der besten Weltmeisterschaft aller Zeiten sprach. Diese 18. Fußball-Weltmeisterschaft wurde zu einem wahren Großereignis, auch wenn ihre sportliche Seite ein eher überschaubares Niveau erreichte.

Der neue Titelträger Italien, der bereits zum vierten Mal Weltmeister wurde und damit bis auf einen Sieg zu Brasilien aufschließen konnte, wird sich in den kommenden Monaten und Jahren von einem erneuten Skandal im nationalen Fußball erholen müssen, der Rekordchampion Brasilien wird sein spielendes Personal ebenso teilweise austauschen und erneuern müssen wie so viele andere Mannschaften ebenso, um weiterhin konkurrenzfähig zu bleiben und in wenigen Monaten wird in unseren Breiten neben den reinen Ergebnislisten nichts mehr an den sportlichen Wert des Turniers erinnern. Dann nämlich streiten die europäischen Nationalmannschaften hartnäckig um die Qualifikation zur Europameisterschaft 2008 in Österreich und der Schweiz, während die Vereinsmannschaften in ihren eigenen Ligen wie in den internationalen Wettbewerben neue Titelträger ermitteln werden.

So hoch die Spannung vor Beginn der Weltmeisterschaft bei allen teilnehmenden Nationen auch gewesen sein mag, in wenigen Wochen widmet man sich allerorts wieder den „Niederungen“ des Fußballs, wo sich dann neue und junge Nachwuchsspieler beweisen müssen, um eines Tages die Trikots ihrer jeweiligen Heimatländer auf den Schultern tragen zu dürfen. Die Fußball-Weltmeisterschaft wird wie jede andere Veranstaltung dieser Art ihren Glanz in den kommenden Monaten und Jahren einbüßen und nur noch bei Rückblicken eine Renaissance erleben, die dann jedoch eher verklärend als nüchtern betrachtend sein dürften. Auch eine Fußball-Weltmeisterschaft in Deutschland geht nach der Siegehrung den Weg allen Irdischen. Aber dies liegt ja bekanntlich stets in der Natur der Sache.

Mit Blick auf das kommende Turnier im Jahr 2010 darf gespannt erwartet werden, ob Afrika neben dem Ausrichter weitere fünf oder aber nur vier Teilnehmer stellen darf. Diese Entscheidung wird natürlich auch Auswirkungen auf den Qualifikationsprozess der anderen Kontinente haben. Daneben müssen sich die Mannschaften aus Ozeanien künftig mit den Asiaten in der Qualifikation zur Weltmeisterschaft messen und es darf erwartet werden, dass sich damit die Aussichten der Australier auf eine erneute Teilnahme an den Titelkämpfen deutlich verbessern werden.

Mit Italien als absolut verdientem Sieger darf auf der sportlichen Seite im Ergebnis beruhigt bilanziert werden, dass die WM einen hervorragenden Verlauf hatte, was insbesondere auf eine nachhaltig gelungene Organisation in Verbindung mit allen positiven Rahmenbedingungen – also auch dem Wetter in Deutschland – zurückzuführen ist. Außer dem frühen Ausscheiden der südamerikanischen Favoriten aus Brasilien und Argentinien haben sich die starken Nationen durchgesetzt. Erstmals seit der Weltmeisterschaft 1982 in Spanien erreichten vier Mannschaften aus Europa die Vorschlussrunde, womit der Titel dieses Mal in einem rein kontinentalen Kontext vergeben wurde.

Die Gäste aus aller Welt haben sich bei uns wohl gefühlt, das haben Berichterstattungen der teilnehmenden Nationen in ihren eigenen Ländern jeweils gezeigt. Auch den Sportlern und Offiziellen waren nur positive Kommentare über den Ablauf des Turniers und die Gastfreundschaft zu entlocken gewesen, auch wenn sicher an der einen oder anderen Stelle die Gemüter neben den Stadien einmal hochkochten. Aber in einem gewissen überschaubaren Rahmen gehört auch dies zum Fußball, wenn man es noch lange nicht gutheißen muss. So darf nicht vergessen werden, wie die Sicherheitsbehörden zum Beispiel im Vorfeld des Spiels zwischen Deutschland und Polen in Dortmund mehrfach zugreifen mussten, damit die latente Gewaltgefahr nicht um sich greifen und damit ausbreiten konnte. Aber mit einem Blick auf die Anzahl der angereisten Gäste waren die Störfeuer geradezu gering und dürften, bei aller Rücksicht für etwaige betroffene Einzelfälle, einer vernachlässigten Betrachtung unterliegen. In Zeiten unsicherer Kantonisten, die gerade im Fußball in der Vergangenheit immer wieder Negativschlagzeilen verursachten und diesen Sport an sich in ein schlechtes Licht rückten, kann man auch diese Seite der Titelkämpfe als ausgezeichnet bewältigt ansehen, was allen voran auch ein Verdienst der hervorragend ausgebildeten und vorbereiteten Sicherheitskräfte gewesen ist.

Eine friedliche und freundschaftliche Begegnung unter dem Siegel des internationalen Fußballsports fand im Juni und Juli 2006 in Deutschland statt, die nicht nur das Ansehen des örtlichen Veranstalters, dem Organisationskomitee des Deutschen Fußballbundes und insbesondere Franz Beckenbauers, in der weltweiten Betrachtung deutlich verbessern konnte, sondern auch dem gesamten Fußballsport ein positives Kapitel in seinen eigenen Geschichtsbüchern wert sein sollte und dies auch mit Sicherheit sein wird. Dies insbesondere auch deswegen, weil der Sport einen positiven Einfluss auf die gesamte Stimmung in unserem Land genommen hat, wie im weiteren Verlauf näher betrachtet werden soll.

2. Die Depression in Fußball-Deutschland

War die Finalniederlage der deutschen Fußballnationalmannschaft gegen Brasilien bei der Weltmeisterschaft 2002 dennoch ein persönlicher Triumphzug des damaligen Teamchefs Rudi Völler („Es gibt nur einen Rudi Völler!“), seines Stabes sowie der Mannschaft, so verdüsterten sich die Wolken in der Folgezeit am Himmel der deutschen Ballkicker. Zwar qualifizierte sich die Nationalmannschaft relativ sicher für die Europameisterschaft in Portugal 2004, doch das ernüchternde Abschneiden der Mannschaft, nach zwei Remis gegen die Niederlande und Lettland (!) sowie der hochverdienten Niederlage gegen Tschechien, beendete die Ära Rudi Völlers und seines Assistenten, dem eigentlichen Bundestrainer, weil mit einem Trainerdiplom ausgestattet, Michael Skibbe ebenso abrupt wie kurzfristig.

Zwei Jahre vor Beginn der Weltmeisterschaft im eigenen Land kriselte es in der Nationalmannschaft, und das Ausland frohlockte bereits bei dem Gedanken an einen schwachen Gastgeber zur WM, der sich wahrscheinlich relativ früh aus dem Wettbewerb verabschieden würde. Mit der Bestellung von Jürgen Klinsmann zum Bundestrainer im Juli 2004 füllte man die personelle Lücke nach Rudi Völler mit einem einstigen Weggefährten. Doch schon bei der Benennung seines Trainerteams kamen erneute Zweifel an den Erfolgsaussichten für die auf. Mit Joachim Löw, dem heutigen Fußball-Bundestrainer, als Assistenten holte Klinsmann einen schwäbischen „Landsmann“ in sein Team, der in der Vergangenheit als Trainer nur durch einen nationalen Pokalsieg mit dem VfB Stuttgart, 1997 mit 2 – 0 gegen den damaligen Regionallisten FC Energie Cottbus, auffallen konnte und mit dem österreichischen Team aus Innsbruck einige international wenig bemerkenswerte Titel in der Alpenrepublik gewinnen konnte.

Jürgen Klinsmann trennte sich von dem langjährigen Torwarttrainer der Nationalmannschaft und Vertrauten von Torhüter Oliver Kahn, Sepp Maier, und setzte stattdessen den langjährigen Kahn-Kontrahenten Andreas Köpke auf einen neuralgischen Trainerposten, was in der Folge noch zu erheblichen Diskussionen um die beiden Torhüter Oliver Kahn und Jens Lehmann führen sollte. Neben diesen Personalentscheidungen etablierte Jürgen Klinsmann allerdings auch erstmals Trainingsmethoden im Kreise der Nationalmannschaft, welche er aus seiner Wahlheimat, den Vereinigten Staaten, mitbrachte, und er förderte ein Konditions- und Fitnessprogramm, das in den Augen der selbsternannten Fachleute in Deutschland zunächst mit Unverständnis und Kopfschütteln quittiert wurde und sogar bei Franz Beckenbauer auf unmissverständliche Kritik an der Vorgehensweise wie an der Person des Bundestrainer gestoßen war.

In diesem Zusammenhang wurde gar auch der Wohnort des Bundestrainers thematisiert, denn es galt als völlig unverständlich und unmöglich, dass sich Klinsmann nach seinen Kurzaufenthalten bei und für die Nationalmannschaft stets schnell in Richtung „Heimat" absetzte. Der Ausspruch des Bayernmanagers Uli Hoeneß, es gehe eben wieder ein Flugzeug nach Kalifornien, repräsentierte lediglich die Spitze eines Eisberges, der auch in der Landschaft deutscher und internationaler Sportjournalisten zu teilweise heftigen und Klinsmann persönlich angreifenden und völlig unangemessenen Berichterstattungen führte. Nun mutete Jürgen Klinsmann sich und seinen Getreuen auch eine Menge zu, denn die sportlichen Erfolge blieben zunächst aus, während das Personalkarussel innerhalb der nominierten Spieler heftig zu rotieren begann. Trotz aller Beharrlichkeit und Härte des Bundestrainers und seines Stabes verstummten die kritischen Stimmen nicht und ab und an durfte man getrost damit rechnen, dass Klinsmann die Brocken unter dem Druck einiger Verantwortlicher, Trainer und der deutschen und internationalen Sportjournalisten wieder hinwerfe. Für diesen Fall brachte die Journaille, aber auch vereinzelte Offizielle, immer wieder den Namen des Erfolgscoachs aus Dortmunder und Münchener Tagen Otmar Hitzfeld ins Gespräch, der sich, seiner Verantwortung und Rolle dennoch stets bewusst wirkend, im Hintergrund hielt und keinerlei Statements zu seiner Person als möglichem Nachfolger Klinsmanns abzugeben bereit war. Heute wird man im Verband froh darüber sein, dass man die „Fossilien" der fußballerischen Vergangenheit nicht wieder gerufen hatte.

Erster sportlicher Meilenstein in der Amtszeit des neuen Bundestrainers Jürgen Klinsmann wurde dann der Fifa-Confederations Cup 2005 in Deutschland. Die Nationalmannschaft wusste insbesondere durch die jungen Nachwuchskräfte zu überzeugen, auch wenn im Defensivverbund Schwächen zutage traten, die das Unternehmen „Weltmeisterschaft 2006" durchaus hätten in Gefahr bringen können. Nach anfänglicher Mühe beim Auftaktsieg gegen die Mannschaft Australien, folgt ein recht ungefährdeter Erfolg über den Afrikameister aus Tunesien. Das erste ernsthafte Kräftemessen stand seinerzeit im letzten Vorrundenspiel gegen Argentinien an, bei dem die Mannschaft einen guten Eindruck hinterließ und durchaus in der Lage gewesen wäre, das mit 2 – 2 ausgegangene Spiel doch für sich zu entscheiden, um im Semifinale dem Turnierfavoriten und späteren Sieger aus Brasilien aus dem Weg zu gehen. Trotz der unglücklichen knappen 2 – 3 Niederlage gegen die „Selecao" spielte das junge deutsche Team einen begeisternden Fußball und allen voran der Münchener Schweinsteiger sowie der neue Publikumsliebling Lukas Podolski aus Köln standen für eine neue Aufbruchstimmung in der Nationalmannschaft, mit der sich die Anhänger durchaus identifizieren konnten. Im Spiel um den dritten Turnierplatz schlug das Team die Mexikaner mit 4 – 3 nach Verlängerung, was umso bemerkenswerter war, da sich Mexiko den Argentiniern erst im Elfmeterschießen nach hartem Kampf beugen musste. Argentinien war später bei seiner eigenen deutlichen 1 – 4 Finalniederlage gegen Brasilien weitestgehend chancenlos.

Der Confederations Cup zeigte somit bereits 2005, womit die Teilnehmer an der späteren Weltmeisterschaft rechnen mussten. In Deutschland herrschte eine wunderbare Stimmung und stetig ansteigende Euphorie für die eigene Mannschaft. Alleine die Rotation auf der Position des Torwarts warf zu diesem Zeitpunkt bereits massive Fragen auf, die erst kurz vor der Weltmeisterschaft geklärt werden sollten. Damals nämlich durfte sich Oliver Kahn sicher wähnen, auch im darauf folgenden Turnier als erster Torwart nominiert zu werden, während Jens Lehmann, der damals just aktuell auch bei seinem Arbeitgeber, dem FC Arsenal London, in die Kritik geraten war, eher mit dem Platz auf der Bank Vorlieb nehmen sollte. Mit jungen Spielern wir Thomas Hitzlsperger, Robert Huth, den bereits genannten Bastian Schweinsteiger und Lukas Podolski, aber auch weiteren Hoffnungsträgern wir dem Mönchengladbacher Marcell Jansen oder etwa Philipp Lahm, der eine fantastische Weltmeisterschaft spielen sollte, rückten Akteure in den Mittelpunkt des öffentlichen Interesses, die ohne eine konsequente Neuausrichtung des Bundestrainers wahrscheinlich nicht so schnell in die erste Reihe gekommen wären. Ein erster Achtungserfolg gelang Team und Trainerstab also bereits im Jahr 2005.

Der weitere Verlauf des Jahres und die gesamte Vorbereitung auf die Weltmeisterschaft entpuppte sich in der Folge jedoch zu einem Spießroutenlauf für alle im Umfeld der Nationalmannschaft beteiligten Personen. Kaum öffnete die Spielzeit 2005 / 2006 ihre Pforten, da war es auf einmal mit der neuen Herrlichkeit der Nationalmannschaft vorbei. Nachdem die Anfangseuphorie des Confederations Cup dem Ligaalltag und der Tristheit von Freundschaftsspielen der Klinsmann-Elf weichen musste, verlor das Team nicht nur augenscheinlich den Faden, sondern auch viele Begegnungen gegen vermeintlich schwache internationale Konkurrenz, wodurch sich die Kritik erneut auf den Bundestrainer einschoss. Zu unklar wurde das Personenroulette und es gelang Jürgen Klinsmann in den kommenden Monaten auch nicht, seine Position und Marschroute zu verdeutlichen, wodurch die Stimmen nach einer Neuausrichtung des Teams und seiner Verantwortlichen immer lauter wurden. In dieser Zeit scheiterten zudem deutsche Vereinsmannschaften sehr früh in den internationalen Wettbewerben, während junge Hoffnungsträger der Nationalmannschaft wie etwa Philipp Lahm langwierige Rekonvaleszenzzeiten nach Verletzungen zu überstehen hatten oder aber wie Robert Huth, in ihren Stammvereinen nicht eingesetzt wurden.

Nach frustrierenden Niederlagen gegen die Slowakei oder aber dem noch schlimmeren 1 – 4 im März 2006 gegen die Mannschaft Italiens, schien der Tross des DFB am Tiefpunkt angelangt zu sein. Verstärkt wurde dieser Eindruck zusätzlich durch erneute personelle Querelen, die letztlich in deutlichen Absagen an einzelne Spieler, wie dem Dortmunder Christian Wörns oder dem Münchener Mehmet Scholl, mündeten. In der Öffentlichkeit zweifelte man nun immer lauter an Klinsmann, der auch einem Workshop mit anderen Nationaltrainern ferngeblieben war, und ganze Internetforen wurden eingerichtet, um per Abstimmung ausgemusterte Fußballer erneut in den Kreis der Nationalmannschaft zu „voten“. Der Bundestrainer war nicht zu beneiden, jedoch unterliefen auch ihm und seinem Stab Fehler, die der Presse und Öffentlichkeit stets neue Nahrung für erneute Diskussionen und Mutmaßungen lieferten.

Zudem spitzte sich die Torwartfrage zwischen Kahn und Lehmann weiter zu. Während Oliver Kahn mit dem FC Bayern München in der Champions-League früh an dem italienischen Spitzenclub AC Mailand kläglich scheiterte, erreichte Jens Lehmann mit Arsenal London das Finale eben dieses Wettbewerbs, in dem er nach weniger als 20 Spielminuten nach einer Notbremse des Feldes verwiesen wurde. Dem Aufschrei der einen Seite, in der Torwartfrage Klarheit zu schaffen, folgten die beschwichtigenden Meldungen, beide seien auf gleicher Höhe und man wolle das letzte Wort nach dem Ablauf der Meisterschaftssaison sprechen. Wahrscheinlich war es dann doch eher ein persönlicher Fehler des Münchener Torwarts Oliver Kahn, der das Pendel in Richtung Lehmann ausschlagen ließ. Kahn hütete das Tor seiner Bayern im Meisterschaftsspiel gegen den späteren Absteiger aus Köln beim 2 – 2, trotz einer Verletzung und ihm konnte man berechtigterweise die Schuld an beiden Gegentoren der Bayern zusprechen. Nach diesem Wochenende waren die Würfel gefallen und Jürgen Klinsmanns unterrichtete zunächst Kahn und Lehmann, später die Presse über seine Entscheidung, den Arsenal-Keeper zur neuen Nummer Eins im Tor der Nationalmannschaft zu machen.

Erleichterung und Entrüstung hüben wie drüben folgten der Entscheidung. Insbesondere der Anhang des deutschen Rekordmeisters konnte und wollte das Votum „pro Lehmann" nicht wahrhaben. Erstaunlich war jedoch die Reaktion des betroffenen Torwarts Oliver Kahn, der sich nach einigen Tagen der Beratung mit seinen Vertrauten der Öffentlichkeit stellte und verlauten ließ, er werde auch als Nummer Zwei zur Weltmeisterschaft fahren und seinen Beitrag für ein gutes Gelingen leisten. Als wahrer Sieger dieser Auseinandersetzung ging letztlich somit Oliver Kahn hervor, dessen Verhalten vor und während der Weltmeisterschaft Vorbildcharakter zeigte, was ihm auch von Jens Lehmann und dem Trainerstab der Nationalmannschaft nachdrücklich bescheinigt worden ist.

Dennoch war die Stimmung insgesamt rund um die Mannschaft gedrückt, was sich nicht nur in unbefriedigenden Ergebnissen niederschlug, sondern auch zu weiteren Diskussionen führte, die nach der Nominierung des endgültigen WM-Kaders aufflammten. Zum engeren Kreis der WM-Kandidaten gehörten sicher die Bremer Owomoyela und Baumann, aber auch die Schalker Ernst und Kuranyi rechneten sich Chancen aus, dem 23köpfigen Aufgebot anzugehören. Sie alle blieben auf der Strecke, was zu teils verständlichen (Über)Reaktionen führte. Andererseits nominierte Klinsmann die als Außenseiter gehandelten Jens Nowottny, Mike Hanke, Oliver Neuville und völlig überraschend den jungen Dortmunder David Odonkor für das WM-Turnier. Geblendet von den vermeintlichen Stärken der zu Hause gelassenen brandete erneut von vielen Seiten Unmut und Ärger über diese Personalentscheidungen auf, denn immerhin verzichtete Jürgen Klinsmann auf etablierte Kräfte von deutschen Spitzenclubs, während viele der letztlich berücksichtigten nur über wenig oder, wie im Falle Odonkors, keinerlei Erfahrung in der Nationalmannschaft verfügten.

Die ständigen Querelen im Umfeld der Nationalmannschaft, welche auch noch durch entmutigende Leistungen des Teams in Freundschaftsspielen immer neue Nahrung erhielten, ließen insbesondere die Anhänger an einem erfolgreichen Verlauf des WM-Turniers für ihre Mannschaft zweifeln. Sicherlich, Jürgen Klinsmann ging nicht gerade den Weg des geringsten Widerstandes, doch auch auf der sportlichen Habenseite zeigten sich keine bedeutenden Fortschritte, durch die der von ihm eingeschlagene Weg in den Augen der Öffentlichkeit hätte verfestigt werden können. Hieraus entstand eine langanhaltende Depression, der sich Mannschaft und Stab nur dann endgültig würde entziehen können, lieferte man ein tolles Turnier ab. Der Grat, auf dem die Beteiligten wandelten, war schmal, doch wie sich zeigen sollte, immer noch ausreichend breit genug, um noch rechtzeitig auf die Erfolgsseite zu wechseln. Einen, nein den, wesentlichen Anteil am Erfolg hatte Jürgen Klinsmann mit seiner Beharrlichkeit in schweren Zeiten, als gar Franz Beckenbauer am Unternehmen Weltmeisterschaft der Mannschaft gegenüber der Öffentlichkeit immer wieder laute Zweifel äußerte. Gar der Bundeskanzlerin blieb es vorbehalten, eine vermittelnde Rolle einzunehmen und setzte sich mit den Protagonisten während eines „Fußballgipfels“ im Berliner Bundeskanzleramt an einen Tisch. Im Ergebnis wird dies eher die Publicity der Kanzlerin verbessert haben, aber eine zusammenschweißende Wirkung hatte dieses Spitzengespräch in Berlin allemal.

Bei einer Rückschau auf die seinerzeitige Presselandschaft in Deutschland müssen sich viele Journalisten nun berechtigt fragen lassen, wie sie zu ihren einstigen vernichtenden Urteilen über Jürgen Klinsmann als Person und als Trainer mit neuartigen Methoden heute stehen? Mit aller Erfahrung um die Unwägbarkeiten des Fußballs hätte jedem Betrachter klar sein müssen, dass Klinsmann mit seinem Weg nicht nur eine Chance verdient hatte, sondern diese auch noch mit einem zukunftsträchtigen Kader zu nutzen verstand, der heute mehr Ansehen denn je im internationalen Konzert der großen Fußballnationen genießt. Als Ergebnis einer Phase des sportlichen Neuaufbaus und einer Depression, die mehr von Verantwortlichen aus dem weiten Kreis des Fußballs, der Presse und Öffentlichkeit geschürt wurde, als eine wirkliche fundierte Grundlage zu beinhalteten, stand eine begeisternde Mannschaft, die alle Kritiker während der Weltmeisterschaft nicht nur zu überzeugen wusste, sondern auch noch mit attraktivem Fußball glänzen konnte und völlig berechtigt zu den spielerisch stärksten Teams des WM-Turniers im Rückblick gezählt werden darf.

3. Depression in Deutschland

Deutschland einig Fußballland? Was heute auch die größten Optimisten nicht vermutet hätten, es wurde während der Weltmeisterschaft wahr. Eine ganze Nation entdeckte nicht nur den Fußball erneut für sich, auch ein neuer progressiver Nationalstolz, ohne politisches Antlitz, bahnte sich in den Wochen der WM ihren Weg und erfasste auch diejenigen, die niemals positiven Anstoß an einer Weltmeisterschaft genommen hätten.

Um diesem Phänomen auf den Grund zu gehen, bedarf es einer nachhaltigen Betrachtung der politischen und gesellschaftlichen Verhältnisse im Deutschland der zurückliegenden Jahre. Eine solche Betrachtung wird einen weiteren Aufschluss darüber geben, wie es zu einer positiven Euphorie kommen konnte, die in Zukunft auch hoffentlich nicht wieder abebbt, nämlich wenn die letzten Erinnerungen an die Tage in Deutschland im Juni und Juli 2006 verblassen. Bei dieser Betrachtung erscheint es mir geboten, insbesondere auf die wenigen Jahre nach der Wiedervereinigung Deutschlands zu fokussieren. Zu schnell verändern sich gerade heute Stimmungen, wie am Beispiel der Weltmeisterschaft abzulesen, als dass man die Ursache für verschiedene dieser Ereignisse weiter als eben diese eineinhalb Jahrzehnte nach der Wiedervereinigung Deutschlands in der deutschen Zeitgeschichte verfolgen sollte. Die Wiedervereinigung des Landes war das überragende Ereignis gegen Ende des zurückliegenden Jahrhunderts. Und annähernd Zeitgleich fiel dieses Ereignis zusammen mit dem letzten Titelgewinn einer deutschen Fußball-Nationalmannschaft bei einer Weltmeisterschaft. Dem Titelgewinn der Mannschaft von Teamchef Franz Beckenbauer und Kapitän Lothar Matthäus 1990 in Italien, mit einem 1 – 0 Finalsieg gegen die von ihrem heute legendären Kapitän Diego-Armando Maradona angeführte Mannschaft aus Argentinien, der man vier Jahre zuvor im Finale der WM 1986 in Mexiko noch mit 2 – 3 Toren unterlag.

3.1 Ein neues großes Deutschland?

Zuletzt sah man solch glücklich feiernde und die Nationalfahnen schwenkende Menschen im Zuge der Wiedervereinigung, die aus „Deutschland einig Vaterland“ doch sehr schnell ein zerrissenes gesellschaftliches Gebilde machte, in dem beispielsweise der finanzielle West-Ost-Transfer das Land eher spaltete als zusammenführte. Den Regierenden dieser Jahre war es nicht gelungen, durch ein schlüssiges politisches Handlungskonzept, einen gravierend einschneidenden Prozess in das Leben von nun über 80 Millionen Menschen herbeizuführen, welcher, von der Bevölkerung erst einmal akzeptiert, zu einem überlegten Zusammenführen zweier Volkswirtschaften werden konnte. Das Wort vom Solidaritätszuschlag machte die Runde und „Ossis“ wurden in den alten Bundesländern als eine Art „Alien-Plage“ angesehen, wie sich „Wessis“ im Osten mit dem Nimbus herumschlagen mussten, man wolle „blühende Landschaften“ auf dem Rücken der Schwachen und mit den Fördergeldern der Starken entstehen lassen.

Konzeptionslosigkeit und Korruptionen erschütterten die Politik auf ihrem Weg, aus einer Vereinigung beider deutscher Staaten eine „Win-Win-Situation“ für alle zu machen. Der finanziell stark angeschlagenen, sich allerdings allmählich der finanzpolitischen Konsolidierung nähernden Volkswirtschaft des Westens wurde die Bürde der Übernahme sozialer Sicherungssysteme ebenso aufgeladen wie der kostenintensive Umzug der Regierung vom Rhein an die Spree. Wo einst die Planwirtschaft den Menschen dort Perspektiven aufzeigte, wo eigentlich volkswirtschaftlich keine waren, skandierten die an der Wiedervereinigung Betrunkenen vor Ausländerwohnungen ihr „Deutschland den Deutschen“ und fackelten Menschen und Häuser vor dem Hintergrund einer nationalen Idee ab, die ihnen eigentlich alles andere als geheuer sein musste. Zu Beginn der 90er Jahre avancierte die Stadt Hoyerswerda zu den bekanntesten Orten in den neuen Bundesländern, während sich das ansonsten beschauliche Städtchen Solingen im Westen ebenfalls mit schlimmen terroristischen Akten gegen Ausländer auseinandersetzen musste. Zu keiner Zeit schien eine Bundesregierung Herr der Lage zu sein, auch wenn Alt-Kanzler Kohl stets den Eindruck zu vermitteln suchte, in seiner Hand seien die Geschicke des Landes gut aufgehoben. Dies schützte ihn auch nicht vor den Eierwerfern, die ihn auf seinen Reisen durch die neuen Bundesländer immer wieder begegneten und zu teilweise unschönen Szenen führten.

Anstatt das Land in den Köpfen der Menschen zu vereinigen, wurden neue Gräben ausgehoben und vielerlei Hindernisse aufgestellt, die sich auch heute noch nachhaltig tief durch die Republik graben und erst in einigen Jahrzehnten, von einer neuen Generation, zugeworfen und geebnet werden können. Auf untergegangenem Altem aus der DDR erstand aus den alten Ruinen wiederum Altes, das zwar im freiheitlich demokratischen Antlitz daherkam, die Lebenssituationen auf beiden Seiten der ehemaligen Zonengrenze jedoch nicht zu verbessern wusste. Menschen allerorts versprachen sich Freiheit und sie erhielten Arbeitslosigkeit. Infrastruktur sollte aufgebaut werden, entsprechende Maßnahmen wurden allenfalls selektiv durchgeführt, so dass noch heute an ganzen Landstrichen die Zeit vorbei zu gehen scheint. Politische Neuerungen und das Erschaffen persönlicher Freiheiten korrespondierten vielfach nicht mit dem Aufbau von Perspektiven. Es waren zu oft kurzfristig an ihren Erfolg denkende Profiteure, die Handlungskonzepte zum Aufbau stabiler wirtschaftlicher Rahmenbedingungen ausnutzten und sich recht schnell mit den erlangten Profiten absetzten, während leidgeprüfte Menschen in Ostdeutschland eine Enttäuschung nach der anderen über sich ergehen lassen mussten, weil sich insbesondere die wirtschaftlichen Verhältnisse und die Situationen für arbeitslos gewordene Menschen gar nicht oder nur sehr schleppend änderten.

Die Reaktionen der betroffenen Menschen, die sich natürlich einstellen mussten, waren unter anderem ein undurchsichtiges und schwer vorhersagbares politisches Wahlverhalten in den neuen Bundesländern, das nicht nur die Nachfolgepartei der Sozialistischen Einheitspartei Deutschlands (SED), die PDS, zu einer stabilen, wenn auch zunächst ausschließlich regionalen Größe machte, sondern auch rechte Gruppierungen in die Landtage entsandte, die auch heute noch auf der legitimatorischen Basis unseres Grundgesetzes, in Verbindung mit Parteiengesetzen oder ähnlichem, ihre Hasserfüllte Botschaft in alle Winde verstreuen können. Vormals vermeintlich fester, politischer und gesellschaftlicher Lager drohte der Ausverkauf, was zu einer nachhaltigen Erosion von einst durchaus vorhersehbaren Ausgängen insbesondere der Bundestagswahlen führte, wie sich am Beispiel der Wahl im Jahr 2005 doch mit Nachdruck erweisen sollte. Sicherheit wurde zu Unsicherheit und folglich suchten auch die etablierten Parteien nach neuen Argumenten und Konzepten, die schlussendlich eher dem Abschneiden bei den jeweils kommenden Wahlen dienlich waren als das Land als Ganzes voranzubringen. Im Ergebnis brachte die sich verändernde politische Situation in den „Wendejahren" neue Köpfe in führende Funktionen, die in vielerlei Hinsicht ihren eigenen Ansprüchen und den Hoffnungen der Menschen nicht gerecht werden konnten. Das Land lähmte sich somit durch einige seiner führenden Köpfe ein Stück weit selber.

Auch in den westlichen Ländern machte sich der Prozess der Wiedervereinigung nur partiell positiv bemerkbar. Besonders die falsch verstandene „geographische" Wirkung von Transferleistungen aus dem Wirtschaftspotential des Westens in die neuen Bundesländer führte zu einer Beschleunigung der bereits früher absehbaren Schwierigkeiten, welche sich beispielsweise, aber nicht nur, in weiten Teilen des vom Bergbau abhängenden Ruhrgebietes abzeichneten. Es wurden nicht nur unzählige Zechen stillgelegt und Subventionen sukzessive gestrichen, was zu einer Arbeitslosigkeit von bis zu zwanzig Prozent in einigen Städten führte, auch ganze Stadtteile an sich liegen heute brach, wie man unschwer am Beispiel der Stadt Duisburg ersehen kann. Vor diesem Hintergrund ist es doch nur verständlich, dass sich viele Menschen einerseits wieder hinter Stacheldraht und Selbstschussanlagen zurücksehnten, während die anderen Menschen im Westen die Mauer am liebsten etliche Meter höher erneut aufbauen wollten. So hat man ein Land nicht vereinigen können. Wirklich merkwürdig waren Meinungen und Stimmungen dieser Art sicher nicht, denn die Transferleistungen vollzogen nicht nur eine finanzielle Austrocknung einiger Wirtschaftsbereiche, sie fraßen in den vergangenen anderthalb Jahrzehnten wesentliche Teile der individuellen Kaufkraft der Menschen in Ost und West schlicht auf.

Das „neue" Deutschland fand sich zunächst in seiner Rolle als der bevölkerungsstärksten Volkswirtschaft innerhalb der Europäischen Union nicht zurecht. Der inneren Zerrissenheit folgte ein verzerrtes Bild, welches das Ausland von einer Bevölkerung bekommen musste, die sich untereinander eher ausgrenzte als eingliederte. Dies mag auch ein Grund für die überkompensierten nationalistischen Ausbrüche gelten, welche sich nicht nur in Wahlergebnissen niederschlugen, sondern auch zu massiven Übergriffen führen mussten, denen viele ausländische oder einfach anders aussehende Mitbürger zum Opfer fielen. Aus den Startlöchern kam das Land ohne Rückenwind und machte zunächst gesellschaftliche Rückschritte, während die Politik keine Horizonte für eine gemeinsame Zukunft in Abwesenheit klarer Handlungsoptionen aufzeigen konnte. Der schlafende Riese erwachte, doch nachdem die Kerzen in der Leipziger Nikolaikirche ausgebrannt und aus dem „Wir sind das Volk" ein politisch nützlicheres „Wir sind ein Volk" geworden war, erlahmte die Energie des Landes und es folgten Jahre der unsteten politischen Handlungen, die Land und Leute nicht wirklich weiterbringen konnten.

3.2 Privatisierungen als politischer Sachzwang

Die Herstellung der Deutschen Einheit war objektiv betrachtet ein zum Zeitpunkt des Beginns der Montagsdemonstrationen in Leipzig nicht vorhersehbares Ende einer dynamischen bürgerlichen Freiheitsbewegung, welche in der Geschichte, auch wegen ihrer Friedlichkeit, bis dato ohne gleichen gewesen ist. Auch wenn insbesondere die deutschen Christdemokraten eine Wiedervereinigung des Landes nie vollständig von ihrer Agenda gestrichen hatten und es wohl zutreffend war, dass Helmut Kohl die Einheit in seinem „stillen Kämmerlein“ immer wollte, war die Geschwindigkeit ihres Vollzugs, trotz diverser politischer Lancierungen und Infiltrierungen bei und unter den führenden bürgerlichen Gruppierungen der ehemaligen DDR, nicht einmal ansatzweise zu erwarten gewesen. Man hatte sich in Deutschland mit den Verhältnissen arrangiert und pflegte ausgezeichnete Kontakte zum sowjetischen Staatsratsvorsitzenden Mihail Gorbatschow, der mit einer weltoffenen und freundlichen Art sowie seiner sympathischen Frau Raissa an der Seite die deutschen Herzen im Sturm eroberte und mit der Politik von Glasnost und Perestroika keinen Zweifel an der neuen Ausrichtung seines Landes ließ. Auch Erich Honecker, der Staats- und Parteichef der Deutschen Demokratischen Republik, besuchte den Westen und bereiste, begleitet von dem SPD-Politiker und damaligen Oberbürgermeister Saarbrückens Oskar Lafontaine, dem späteren Bundesfinanzminister unter Gerhard Schröder, seine saarländische Heimat. Waren auch die Grenzen zwischen West und Ost zumindest ideologisch unüberbrückbar, so erfreute man sich an einer neuen Annäherung, durch die das dicke Eis zu schmelzen begann.

Die Herstellung der staatlichen Einheit war trotz aller anders lautenden Bekenntnisse nicht oder nur unzureichend vorbereitet worden, es lag also kein politischer oder gar bestenfalls organisatorischer Aktionsplan in den Schubladen der damals noch in Bonn beheimateten Mächtigen. Auch wenn viele der Handelnden dies heute anders sehen wollen, darf ihnen unterstellt werden, die Einheit hätte sie unvorbereitet getroffen, denn die der Wiedervereinigung nachfolgende Summe politischer Fehlentscheidungen würde in der Rückschau so manchen Politiker von einst heute in einem anderen Licht erscheinen lassen müssen. Durch die Deutsche Einheit musste einfach die „Herkulesaufgabe“ geschultert werden, zwei unterschiedlich gewachsene und völlig verschiedene Volkswirtschaften zusammen zu führen. Auf der einen Seite befand sich die alte Bundesrepublik Deutschland unter Helmut Kohl und Finanzminister Theo Waigel auf dem besten Weg, bald einen ausgeglichenen Bundeshaushalt vorzulegen, während die Planwirtschaft ostdeutscher Prägung das gesamte Land an den Rand des volkswirtschaftlichen Bankrotts geführt und diese Grenze mit ziemlicher Sicherheit bereits überschritten hatte. Genau genommen schon weit über diesen Punkt hinaus, doch es war unter anderem ein Milliardenkredit von Franz-Josef Strauß, dem langjährigen bayrischen Ministerpräsidenten und ehemaligen Kanzlerkandidaten der Unionsparteien, der diesen Prozess bis zu einer objektiven Zahlungsunfähigkeit der DDR ein wenig verlängern konnte und damit gleichfalls politischen Einfluss gewann. Eines der Hauptprobleme der Realpolitik unmittelbar nach der Wende, aber auch -anliegen war es, die Leistungsempfänger, wie etwa Rentner und Pensionsempfänger in das westdeutsche System einer sozialen Sicherung zu integrieren. Als man in einem Akt politischer und volkswirtschaftlicher Hellsichtigkeit feststellte, dass die Staatskassen der DDR bereits den Bodensatz durchschimmern ließen, da machte sich die Bundesrepublik Deutschland auf die Suche nach zusätzlichen Einnahmequellen. Vorbei war es mit der finanziellen Konsolidierung. Mit allen verfügbaren, (un)logischen und ethisch höchst zweifelhaften Argumenten setzte man nicht nur der Sparpolitik durch die Aufnahme immer neuer Milliardenkredite ein Ende, man setzte einen Abgabenmechanismus in Gang, der die Menschen in Deutschland auch heute noch belastet und zeitweise eher zu erwürgen drohte als nachhaltigen Nutzen zu erbringen.

Die findigsten Mitglieder in den Schaltzentralen der Macht verkauften zum Beispiel ostdeutsche Banken zu Spottpreisen an westdeutsche Institute oder andere Interessenten aus dieser Branche. Man begann die Bahn und die Bereiche Post- und Telekommunikation unter einer Regulierungsbehörde zu privatisieren und entledigte sich auf diesem Weg einer unüberschaubaren Anzahl beamteter Mitarbeiter, deren Zukunft angesichts globaler werdender Vernetzung höchst fragwürdig gewesen ist, denn nicht erst nach der Deutschen Einheit wurde die angloamerikanische Aufheizung und Privatisierungswelle des Post- und besonders des globalen Telekommunikationsmarktes auch auf dem alten Kontinent Europa hoffähig. Durch die vermeintliche Entschlackung des Behördenapparates der späteren Deutschen Telekom verringerte das Land zwar die Zahl der unmittelbar von ihm finanzierten Beamten, doch die langfristigen Pensionsansprüche der Menschen blieben im staatlichen Soll. Immerhin hatte Deutschland durch Verkauf von Unternehmensanteilen einen Buchwert fiskalischen Eigentums kurzfristig versilbert und sich somit angesichts aufkommender Kritik an den undurchsichtigen Finanztransaktionen der Regierung Kohl ein wenig Luft verschafft.

Die folgenden Privatisierungen der Deutschen Post unter Beibehaltung des Briefmonopols, das mehr dem unternehmerischen Erlös und weniger der flächendeckenden Auslieferung verpflichtet war, der Deutschen Bahn AG und weiterer ehemals staatlicher Einrichtungen spülten nur buchhalterisch finanzielle Mittel in die Staatskassen, durch welche jedoch nicht einmal ansatzweise die Kosten für die Herstellung der Einheit des Landes gedeckt werden konnten. Ganz anders, denn in den Folgejahren unterlagen die im staatlichen Besitz verbliebenen Aktienpakete den identischen Börsenschwankungen wie jedes andere Investmentkapital auch.

Auch wenn dies lediglich einige Schlaglichter auf politische und wirtschaftliche Fehlentscheidungen waren, so verdeutlichen diese angesichts der Höhe der Transaktionen, welch immenses Kapital auf dem Altar einer undurchdachten Politik geopfert wurde. Privatisierungen waren an der Tagesordnung und wurden zu einem Instrument der Geldbeschaffung und ein äußerliches Zeichen politischer Handlungsfähigkeit, das heute in einem zwielichtigen Kontext gesehen werden muss, da es seine erhofften Auswirkungen für eine nachhaltige Konsolidierung der öffentlichen Haushalte doch deutlich verfehlte.

3.3 Gewinner und Verlierer

Die beschriebenen politischen Entscheidungen kurbelten weder den Markt und die Verbrauchernachfrage an, sondern die Menschen wurden durch teilweise überaus aggressive und verschleiernde Werbestrategien hinters Licht geführt. Die Aktie der Deutschen Telekom wurde als Volksaktie angepriesen und lange erfreuten sich die Anleger an ihren stetig steigenden Kursen. Als jedoch bekannt wurde, dass der von Ron Sommer geleitete Vorstand des Bonner Unternehmens Unregelmäßigkeiten bei der Bewertung des Gesamtkonzern und seiner Liegenschaften zu verzeichnen hatte, war dies intern schon lange keine Neuigkeit mehr, dennoch führte auch dies neben einigen anderen Faktoren zu einem rapiden Verfall der Unternehmensaktien und zerstörte milliardenschweres Anlegerkapital, während der Mann an den Schaltstellen, Ron Sommer, als gefeierter Manager mit einer hohen Abfindung seinen Hut nahm und seither nicht mehr gesehen wird. Verlierer sehen wahrlich anders aus. Auch die Ausgründungen und Wiedereingliederungen von Tochterunternehmen spülten durch diverse Börsengänge und deren finanzielle Ausgestaltung durch gutgläubige Kleinanleger kurzfristige und überaus kräftige Finanzspritzen in die Unternehmensbilanzen. Diese jedoch wurden lediglich dankend angenommen, während die Aktionäre nach der Rückführung einer Tochter in die Muttergesellschaft weitestgehend in die Röhre blicken mussten und einen Großteil des von ihnen investierten Kapitals einfach verloren. Von langfristiger Strategie des deutschen Telekommunikationsriesen nicht die geringste Spur, was wäre nur mit diesen Managern passiert, wenn sie einmal in einem mittelständischen Unternehmen Monat für Monat auf die Kosten hätten achten müssen? Man darf allenfalls Mutmaßungen in diese Richtungen anstellen und sich sicher sein, dass die meisten der Unternehmensgrößen in einem mittelständischen Unternehmen niemals den Weg in die Führungsetage gefunden hätten.

Das Unternehmen Deutsche Telekom und alle ihre Konzernteile und -gesellschaften befinden sich heute in einem stärkeren Wettbewerb als je zuvor. Und auch genau dieser Wettbewerb entstammte unter anderem einer Gewinnertransaktion, die noch heute den Betrachtern die Zornesröte ins Gesicht treiben muss. Beim Verkauf des Mannesmann-Konzerns an das englische Unternehmen Vodafone, einem der größten europäischen

Telekommunikationsanbieter, strich der Mannesmann-Vorstandschef Klaus Esser eine „Gage“ von 30 Millionen Euro ein. Er habe immerhin Werte geschaffen und ernte die Früchte seiner Arbeit, so der Tenor nach einem Freispruch zweiter Klasse vor Gericht. Seine Zeit als Vorstand des Unternehmens war ebenso überschaubar kurz wie die Beteiligung anderer Wirtschafts- und Gewerkschaftsgrößen bei dieser Transaktion undurchsichtig blieben. Klaus Zwickel, der damalige Gewerkschaftschef saß genauso im Aufsichtsrat des Unternehmens wie ein Schweizer namens Josef Ackermann, der als Chef der Deutschen Bank nicht nur das „Victory-Zeichen“ fotogen beherrscht, sondern sich dieses mit einem Jahresgehalt von mehr als 11 Millionen Euro von seinem Arbeitgeber auch gut bezahlen lässt, zuzüglich weiterer Tantiemen versteht sich.

Nach der Wiedervereinigung übergab die Politik in Deutschland der Wirtschaft und ihren Spitzen weit reichende Möglichkeiten der eigenen Machtausdehnung zugunsten ihrer Aktionäre und zulasten Abertausender Arbeitnehmer, die ihren Job in der Zwischenzeit verloren. In diesem Dunstkreis ist auch der Volkswagen-Konzern zu nennen, dessen Personalvorstand Peter Hartz zu trauriger Berühmtheit im Zuge der Hartz-Reformen unter Kanzler Schröder gelangte und später seinen Platz räumen musste, da Unregelmäßigkeiten bei offensichtlichen Vergnügungsreisen von VW-Managern an die Öffentlichkeit gelangten. Auch das Rotlicht-Milieu wurde allem Anschein nach aus der Schatulle des Autobauers unterstützt. Standortdebatten reißen seit Jahren einfach nicht mehr ab.

Zu den Vorzeigeunternehmen im nationalen und internationalen Kontext zählt ebenso der DaimlerChrysler-Konzern, dem es nach einer gescheiterten Globalstrategie nun an den Kragen zu gehen droht. Auch die Stuttgarter partizipierten nachhaltig von den entstehenden Landschaften im Osten und suchen nun täglich nach Wegen, das in sie investierte Kapital erneut abzuziehen, um einen weiteren Verfall der Aktien zu vermeiden. Dass hierdurch die Spitzenmanager von der Gewinnerstraße abkommen werden, wird niemand ernsthaft glauben wollen. Wir erinnern uns eben immer an die Namen der Sieger, einer davon lautet Schrempp. Die Liste der Gewinner wäre an dieser Stelle noch problemlos fortzuführen, ebenso wie die Liste der Arbeitnehmer, die ihren Job zwischenzeitlich bei dem

Autobauer verloren, nachdem zum Beispiel die „smart-Strategie" jäh und nicht völlig unabsehbar scheiterte.

Als Bürger des Landes konnte man schon mal an den Spitzen in Politik und Wirtschaft verzweifeln. Denn während in West und Ost ganze Landstriche verödeten und insbesondere die dortigen Menschen ihrer Zukunft beraubt wurden, was besonders die jungen Menschen getroffen hat und auch heute noch trifft, erfreuen sich viele der genannten und nicht genannten Personen eines unerschütterlichen Ansehens. Sie sitzen in Talkshows und verbreiten Halbwahrheiten, sie wechseln von der Politik in die Wirtschaft, um eigene politische Vorbereitungen zum späteren Gewinn des neuen Arbeitgebers und der Festigung einer neuen Position auszunutzen, sie betreiben wiederum Lobbyarbeit in die Politik hinein und ziehen sich damit den eigenen Nachwuchs Stück für Stück heran. Ein Kreislauf in den Zentren der Macht, dem schwer beizukommen sein wird, denn auch Freisprüche zweiter Klasse verurteilen einen bewusst handelnden Täter nicht.

Man werfe nur einmal einen Blick in die Literatur jüngster Zeit und entdecke die Bücher der Autoren Albrecht Müllers und Jürgen Leinemanns, die sich mit den angesprochenen Themen intensiver auseinandersetzten und zu wirklich verblüffenden und sehr erhellenden Einsichten gelangt sind.

Da Lichtgestalten auch stets Schatten werfen, muss man seinen Blick also auch einmal auf die Schattenseiten des vergänglichen Ruhmes werfen. Zahlreiche Personen aus Politik und Wirtschaft haben aufgrund ihrer Verwicklungen in irgendwelche Affären ihren Hut nehmen müssen. Irgendwann einmal gab es da einen Bundesverkehrsminister Krause. Dieser arbeitete seit Beginn des Einigungsprozesses an den staatlichen Abkommen mit und wurde, aus welchem Grund auch immer, eines Tages zum Minister ernannt. Zunächst war Krause Bundesminister für „Besondere Aufgaben". Warum ausgerechnet er das Ressort Verkehr übernahm, bleibt auch heute fraglich, doch er bereitete sich akribisch auf seine Aufgabe vor. Da verkaufte man schnell ostdeutsche Raststätten an Privatunternehmen und ebnete so weiteren Profiteuren den Weg an die Quellen fiskalischer Zuschüsse. Nach einer Putzfrauenaffäre schied er endgültig aus dem Amt. Er kandidierte erfolglos für das Amt des Oberbürgermeisters in der Hansestadt Rostock. Ende 2002, genauer am 23. Dezember, verurteilte ihn das Landgericht der Hansestadt Rostock wegen Untreue und Steuerhinterziehung zu einer Haftstrafe von drei Jahre und neun Monaten. Ein Verlierer, wie man meinen könnte. Allerdings ein solcher, der seine Freunde an den rechten Stellen sitzen hatte, denn im Juli 2004 hob der Bundesgerichtshof das Urteil gegen den ehemaligen Minister auf. Einen solchen Segen wünschte sich wahrlich jedermann, der einmal mit dem Gesetz ernsthaft in Konflikt gekommen ist.

Dem ehemaligen Volkskammermitglied und Innenminister der DDR unter Lothar de Maizière, Peter-Michael Diestel, wurde vorgeworfen, in seiner Amtszeit habe das Innenministerium unzählige Informationen über Informelle Mitarbeiter (IMs) der Staatssicherheit (Stasi) der DDR vernichtet. Dazu soll der Minister einen verharmlosenden Umgang mit ehemaligen Stasi-Spitzeln in seinem Ministerium gepflegt haben. Seiner politischen Karriere schadeten diese Vorwürfe und Diestel stieg aus dem „Geschäft mit der Macht“ aus. Als Rechtsanwalt vertrat er jedoch noch jüngst Größen des Sports in den neuen Bundesländern. Der Leichtathletiktrainer Thomas Springstein, der bereits durch die Dopingaffäre der Sprinterinnen Breuer und Krabbe ins Gerede gekommen war, ist eines der prominenten Beispiele. Aber auch während des Wettskandals im deutschen Fußball durfte Schiedsrichter Torsten Koop auf den Rechtsbeistand des Mannes vertrauen, der seine Drähte seit langem im Profifußball gesponnen hat und dies nicht erst seit seinem von 1994 bis 1997 ausgeübten Präsidentenamt bei dem damaligen Bundesligisten FC Hansa Rostock, der sich heute um eine Rückkehr ins Oberhaus des deutschen Fußballs bemüht.

Richtig interessant sind nach wie vor die Personen, die von der Gewinner- auf die Verliererseite wechselten, um kurze Zeit später erneut das Licht der Öffentlichkeit genießen zu können. Offensichtlich ist Macht und Einfluss eine Droge, die die Menschen nicht so schnell loslässt. Hier wäre als prominentestes Beispiel Gregor Gysi zu nennen, dem ebenfalls eine Stasi-Mitarbeit angelastet wurde. Nachdem der Immunitätsausschuss des Bundestages im Jahr 1998 in einem Abschlussbericht feststellte, Gysi habe von 1975 bis 1986 für die Stasi gearbeitet, leugnete dieser immer noch seine persönliche Verwicklung. Auf seine politische Arbeit im Bundestag hatte dies freilich keinen Einfluss und neben seiner eigenen Partei PDS stimmte gar die FDP gegen den genannten Abschlussbericht. Im Januar 2002 wurde Gysi Bürgermeister und Senator für Wirtschaft, Arbeit und

Frauen(!) des Landes Berlin und im Juli desselben Jahres trat er von all seinen Ämtern zurück. Er habe dienstlich erworbene „Bonusmeilen“ eines Vielfliegerprogramms privat genutzt. Eine haarsträubendere Begründung für einen politischen Rückzug hatte man in den vergangenen Jahrzehnten bislang noch nicht gehört. Diese Fliegerei hinderte Gysi jedoch nicht daran, gemeinsam mit dem seinerzeit als Bundesfinanzminister zurückgetretenen Oskar Lafontaine von der SPD für die neugegründete Parteienfusion „Die Linke/PDS“ für den Bundestag zu kandidieren. Nach dem Sieg im Wahlkreis 85 Berlin-Treptow-Köpenick gehört Gysi nun erneut dem Deutschen Bundestag an und trommelt lauter denn je für seine Ideen.

Auch an dieser Stelle könnten die Beispiele beliebig fortgesetzt werden. Sie erstrecken sich nicht nur auf „Granden“ aus den Neuen Bundesländern. Auch im Westen der Republik trifft man immer wieder auf solche, die sich ein politisches Mandat zunutze machen, eigenen Profit oder gar weitere persönliche Vorteile für sich selber zu erhalten. Zu nennen wären die verschiedenen Müllskandale im Köln/Bonner Raum. Die Rolle des CDU Mannes Fritz Schramma, dem Kölner Oberbürgermeister, beim Bau der neuen Messehallen in der Domstadt, ist nach wie vor überaus nebulös und wird wahrscheinlich nicht in ihrer Tiefe aufgeklärt werden. Der ehemalige Wuppertaler Oberbürgermeister Kremendahl von der SPD mit seinem unrühmlichen Abgang. Korruption hüben wie drüben. Wer soll das alles noch nachvollziehen können? Von Verständnis, das man hier ohnehin nicht aufbringen könnte, einmal vollkommen zu schweigen.

Die meisten Verantwortlichen haben das Eine gemeinsam. Sie sind in den wenigsten Fällen persönlich zur Verantwortung gezogen worden. Und wenn sich ein Land, nachdem sich seine Menschen damit abfinden mussten, eine große finanzielle Bürde für die Wiedervereinigung zu tragen, solche Menschen an den Spitzen von Politik und Wirtschaft leistet, dann darf man sich nicht wundern, wenn die positive Stimmung des Zusammenschlusses eines Tages in eine Depression der Menschen umschlägt. Unerklärlich ist und bleibt das nicht.

Die wirklichen Verlierer dieser Possenspiele waren die Bürger des Landes. Im Osten sehnte man sich nach der heilen Welt eines starken und dirigistischen Staates zurück, wo zumindest jedermann Arbeit hatte, auch wenn man sich keine Gedanken über die Produktivität und den volkswirtschaftlichen Nutzen dieser Arbeit machen sollte. Immerhin gab es Beschäftigung insbesondere auch für die jungen Menschen des Landes, die heute noch nach den Orientierungen suchen, die sie zum Leidwesen der parlamentarischen Demokratie an den rechten Rändern des Parteienspektrums finden. Wer konnte es den Bürgern im Westen verdenken, wenn sie sich angesichts indifferenter politischer, wirtschaftlicher und gesellschaftlicher Entwicklungen in den Neuen Bundesländern die Mauer wieder zurück wünschten? Man bezahlte schließlich für politische Fehlentscheidungen, deren Auswirkungen über den Tag hinaus auch für die kommenden Generationen noch unermessliche und ebenso unabsehbare Belastungen mit sich bringen werden. Man stelle sich nur einmal an den Eingang des Gebäudes des Bundes der Steuerzahler in Berlin und sehe wie die Schuldenuhr unaufhörlich weiter tickt. Die rasende Geschwindigkeit wird einen noch schier zur Verzweiflung bei dem Gedanken bringen, dass die angehäuften Lasten von den künftigen Generationen geschultert werden müssen.

Hinzukommt die Tatsache, dass die Menschen in allen Teilen Deutschlands auch heute noch mit stetem Argwohn auf die jeweils anderen schauen. Wenn sich Parteien des rechten Spektrums in den ostdeutschen Landtagen etablieren, dann weisen die Zeigefinger des Westens stets ´gen Osten. Man glaubt allem Anschein nach, diese Strömungen habe der Westen bereits überwunden, während der Osten des Landes erst noch zu einem gemeinsamen politischen und gesellschaftlichen Werteverständnis kommen müsste, das den Rechten den Boden unter den Füßen entzieht. Wie um alles in der Welt sollte man Jugendliche, die keine Arbeit finden und auch keine Aussicht auf eine Verbesserung ihrer Lebenssituation haben, davon abhalten, den Häschern der Rechten in die Fänge zu geraten? Keine Antworten auf die Fragen, auch wenn es bekannt ist, dass vielfach Unternehmen aus dem Westen lediglich Fördergelder für den Ausbau der eigenen Tätigkeit im Osten einstrichen, um neu geschaffene Produktionsstätten nun wieder aufzugeben, da man jenseits von Oder und Neiße etwa noch günstiger produzieren kann. Mit einer Verbesserung der Lebensverhältnisse im Osten, der Berufschancen von insbesondere jungen Menschen an und in ihren Heimatorten und dem Ausbau einer nachhaltig funktionierenden Infrastruktur, die auf die Zukunft ausgerichtet ist, hat alles dies nicht sehr viel zu tun. Ganz anders wird es nach Meinung Vieler künftig kommen, denn Menschen müssen immer flexibler werden, was in Wirklichkeit nichts anderes bedeutet, als dass die Menschen mehr oder weniger entwurzelt von Ort zu Ort ziehen, immer einem beruflichen Engagement hinterher.

Und hat man heute schon vergessen, dass NPD und Republikaner vor nicht allzu langer Zeit auch in westdeutschen Landtagen saßen? Offensichtlich ist dies beim Blick in den Osten und der Bewertung dortiger Zustände, die man meist selbstverständlich nicht einmal persönlich in Augenschein genommen hat, von Politik und Wirtschaft völlig ausgeblendet worden. Selektive Wahrnehmung zur Wahrung eigener Interessen und eines eigenen Standpunktes, der schon lange keiner mehr sein kann. Wenn das Land zusammenwachsen sollte, dann müsste man eigentlich einmal beginnen, den „Aufbau Ost“ nicht mehr losgelöst vom „Zusammenwachsen Ost/West“ zu betrachten. Aber hier werden Kardinalfehler in der Politik begangen, die uns noch weiter beschäftigen werden.

Es läuft eine strikte Trennlinie durch unser Land. Diese hat nichts mehr mit der ehemaligen Grenze zwischen beiden deutschen Staaten zu tun. Es ist eine Grenze in den Köpfen der Menschen, die eine Einteilung zwischen „Gewinnern“ und „Verlierern“ vornimmt. Zu den Verlierern zählen sich diejenigen, welche nicht vom Zusammenschluss profitieren konnten, ihre Arbeit, ihre sozialen Bindungen und ihren Glauben an eine bessere Zukunft verloren haben, und die Gewinner sind Leute, die es geschickt verstanden haben, die eigene Position und den eigenen Profit zu Lasten anderer auszuweiten. Und da solche Vorgänge zumeist auf der festen Grundlage rechtlich einwandfreien Handelns vollzogen wurden, werden aus wahren Tätern eher am Ende noch Opfer. Die prominenteren Beispiele hierfür sind auf den zurückliegenden Seiten benannt worden.

3.4 Parteispendenaffäre

Der „Kanzler der Einheit", Helmut Kohl, der erst nach der Bundestagswahl 1998 seinen Stuhl im Bundeskanzleramt nach 16 Jahren räumen musste, wird noch heute in Kreisen der CDU, wie er vermutlich immer noch glaubt „seiner CDU", allseits gefeiert. Bei aller berechtigten Würdigung und Berücksichtigung all seiner Verdienste um die deutsche und die europäische Einigung darf man allerdings nicht vergessen, wie sehr Kohl nach seiner Amtszeit in die Parteispendenaffäre verstrickt gewesen war. Von 1999 bis 2002 untersuchte der Bundestag jene Machenschaften und man forderte den Altkanzler mehrfach auf, auf den Boden des Gesetzes zurückzukehren, in dem er die Namen der Spender nennen sollte, welche er stets verheimlichte. Unter Berufung auf sein persönliches Ehrenwort entzog sich der Mann den Richtlinien, die er als Mitglied politischer Prozesse über Jahrzehnte hinweg mitgestaltete. Das ist ein ebenso unerhörter wie unglaublicher Vorgang.

Der Medienmogul Leo Kirch soll einer der Freunde und finanziellen Förderer des Altkanzlers gewesen sein. Auch nach dem Ende seiner Kanzlerschaft erhielt Kohl über einige Jahre Zahlungen von 600.000 DM aus der Schatulle des Medienmannes. Das Ermittlungsverfahren der Staatsanwaltschaft Bonn gegen ihn wurde 2001 gegen eine Bußgeldzahlung von 300.000 DM eingestellt. Und niemand spricht mehr über die dunklen Machenschaften eines Mannes, der den Menschen in Ost und West blühende Landschaften versprach, seine Versprechen allerdings niemals einlösen konnte. Ist das ein politisches Vermächtnis, welches auf den Podien der Jungen Union bis zum heutigen Tage gehört werden muss und dem die jungen Parteimitglieder frenetisch zujubeln? Wenn ja, dann muss man sich einmal ernsthafte Gedanken über den politischen Nachwuchs der Christdemokraten machen und auch das Geschichtsbewusstsein der Jungen Union auf den Prüfstand stellen und eingehender beleuchten.

Was sollten die Menschen in unserem Land über einen Altkanzler denken, der 1993 in einer Regierungserklärung über Arbeits- und Urlaubszeiten sagte: „Eine erfolgreiche Industrienation, also eine Nation mit Zukunft, lässt sich nicht als kollektiver Freizeitpark organisieren"? Was soll man von einer Politik halten, nach deren Ende Korruption und Verschleierung zutage traten und bis zum heutigen Tag nicht aufgedeckt werden können, da sich Kohl den gesetzlichen Regelungen schlicht entzieht?

Vielleicht konnte er mit seinen Hintermännern, von denen einige als Bauernopfer der Öffentlichkeit präsentiert worden sind, eine Nation mit Zukunft als kollektiven Selbstbedienungsladen zur Ausdehnung eigener Macht und der seiner eigenen Partei ausnutzen und ausbauen. Man sollte sich einmal Gedanken darüber machen. Sicher ist, dass auch heute noch Personen in zentralen Positionen sitzen, die zu den Günstlingen dieses Netzwerkes gezählt haben. Je größer die eigene Willensbekundung für einen übermächtigen Kanzler war, desto schneller stieg man innerhalb einer Partei auf. Und wenn es Personen gab, die dem Kanzler gefährlich werden konnten, oder eigenes Denken weiterhin für sich in Anspruch nehmen wollten, dann wurden sie kurzerhand aus den wichtigsten Positionen entfernt. Eine dieser Personen gehörte zu den geistreichsten Rednern im Bundestag. Er war Generalsekretär und Minister in Landes- und Bundesregierungen unter Helmut Kohl. Er heißt Heiner Geißler.

Die Affäre der CDU ist umso schlimmer, bedenkt man die weitreichenden Kreise, die diese haben musste. In Politik und Wirtschaft befinden sich immer noch Leute, die von den Entscheidungen des Kanzlers profitierten und ihren Dank in finanzieller Form der CDU oder ihrem Kanzler vielleicht sogar direkt und persönlich zukommen ließen. Man möge einmal den Waffenhändler Schreiber hören. Vielleicht verdichten sich mit seinen Erklärungen weitere bislang unklare Verdachtsmomente. Man mag gar nicht darüber nachdenken, wie sich das Netz der Verflechtungen über ein ganzes Land legt, wenn man sich einmal die Mühe macht, alle heute vorhandenen Unterlagen nüchtern zu sichten. Die Bußgeldzahlung von 300.000 DM, mit der 2001 ein Ermittlungsverfahren gegen den Altkanzler eingestellt worden, hat der Staatsanwaltschaft in Bonn mit Sicherheit eine Menge Arbeit und Ärger erspart. Dies darf einmal als sicher angenommen werden.

Wahrscheinlich würden die Namen heutiger Bundes- und Landesminister, Ministerpräsidenten oder Konzernmanager, Präsidenten oder Staatssekretäre zutage treten, die wahrscheinlich auch über ihr persönliches Ausscheiden aus den jeweiligen Ämtern hinaus darauf hoffen, Kohl möge sein Ehrenwort niemals brechen. Vielleicht sollte man alle noch einmal an die dritte Strophe des Deutschlandliedes erinnern. Im ersten Satz ist neben „Einigkeit“ und „Freiheit“ auch die Rede von „Recht“. Und wenn „Recht“ etwas mit Gerechtigkeit zu tun haben sollte, dann haben die Menschen in diesem Land auch ein Recht darauf, die wirklichen Hintergründe solcher Verflechtungen zu erfahren. Dafür bezahlen sie immerhin ein Leben lang Steuern an das Land, und mit diesen Steuern finanziert der Staat seine politischen Einrichtungen und alle seine Nutznießer.

Mit der Forderung nach Aufklärung würden die Menschen in Deutschland nicht einmal Öl ins Feuer „alter“ aber längst nicht verjährter Geschichten gießen. Sie würden lediglich das einfordern, was seit einiger Zeit wieder voller Inbrunst und Zusammengehörigkeitsgefühl gesungen wird, wenn zum Beispiel eine Nationalmannschaft ein Fußballfeld betritt und sich in einen sportlichen Wettstreit mit einem gegnerischen Team begibt. Aber zu solch repräsentativen Anlässen vergisst man die Inhalte der Nationalhymne und deren Bedeutung doch allzu gerne.

Gerade Politikern ist mit aller Deutlichkeit zu sagen, dass „Schwarz Rot Gold“ kein Banner ist, hinter dem man sich verstecken und in dessen Schatten man frei und ungehindert agieren darf. Nach Artikel 22 des Grundgesetzes sind diese Farben die Farben der Flagge der Bundesrepublik Deutschland. 1832 während des Hambacher Festes wurden die Farben als Freiheitssymbol getragen und sie repräsentieren noch heute unser Verständnis dessen, was wir Freiheit, Gleichheit und Solidarität nennen. Die Bedeutung dieser deutschen „Trikolore“ wird an einigen Stellen zugunsten politischen Handelns schlicht missachtet und die Parteispendenaffäre der CDU, die Affäre um den Kanzler Helmut Kohl war und ist immer noch genau eine dieser Stellen. Jedenfalls solange Helmut Kohl sein Schweigen nicht bricht.

3.5 Verständliche Depressionen?

Werden die Menschen depressiv, wenn sie an Deutschland denken? Bedenkt man auch die hier aufgezeichneten Vorgänge und ihre Medienwirksamkeit, dann wird man zumindest vermuten dürfen, dass sich viele Menschen ernsthafte Gedanken über ihr Heimatland gemacht haben und auch zukünftig machen. Alle diejenigen, deren Fehlverhalten in Medien, welcher Art auch immer, dargestellt wird hoffen natürlich darauf, dass die Haltwertzeit einer Nachricht den jeweiligen Tag nicht überdauern möge. Leser von Boulevardzeitungen ist es ohnehin eigen, sich ein allenfalls rudimentäres Bild über die Geschehnisse zu machen, die spätestens in der Sekunde verblassen, in der sie am darauf folgenden Tag ihre Zeitung mit den großen Lettern erneut öffnen und zwischen Kaffee und Brötchen einen Blick in die Welt und ihre Nachrichten werfen wollen.

Alleine wenn die Entscheidungen seitens Politik oder Wirtschaftsführer den privaten und damit zwangsläufig auch unmittelbaren Zirkel der Menschen betreffen, dann werden diese hellhörig und setzen sich mit einem Problemfeld intensiver auseinander. Und da dies, so möge jeder für sich hoffen, nicht sehr oft vorkommen mag, kann man getrost davon ausgehen, dass nur die wenigsten in wirkliche Depressionen verfallen, angesichts der vielfältigen Ereignisse die unser Land nach der Wiedervereinigung geprägt haben.

Es gehört zu den menschlichen Tugenden, in die Zukunft zu blicken und jeder wird bei und für sich selbst feststellen, dass ein langer Blick ins Fernsehen attraktiver ist als ein kurzer Blick auf das eigene Spiegelbild. Immerhin kann man den Berichterstattungen der Medien jederzeit, so sie unangenehm werden, entkommen, dem eigenen Antlitz jedoch niemals. Depressionen werden also nur dann über die Menschen kommen, wenn die persönliche Situation größeren Anlass zur Sorge bereitet. Wenn etwa Krankheit oder Arbeitslosigkeit das Leben bestimmen und man keine Aussicht hat, sich diesen Zugriffen zu entziehen.

Wollte man die Menschen in unserem Land als depressiv bezeichnen, haderte man mit den Menschen an sich, denn kurzfristige Depression oder Unverständnis und Ungläubigkeit über die gehörten oder gelesenen Vorgänge wechseln sich sehr schnell mit der Erkenntnis ab, recht machtlos zu sein. Das wiederum ist man als Mensch in unserem Land nicht, denn man hat immer noch das Recht der freien Meinungsäußerung und das Recht, bei regelmäßig wiederkehrenden Wahlen, die Geschicke der Regierung in die Hände anderer zu legen bzw. die jeweils aktuelle Regierung zu bestätigen. Es liegt also auch in Zukunft an allen Menschen in unserem Land, die Zukunft mitzugestalten. Bleibt lediglich zu hoffen, dass möglichst viele Menschen von dem Recht zur Wahl auch Gebrauch machen und niemals vergessen, dass auch heute noch unzählige Menschen mit dem Leben dafür bezahlen, einmal in ihren Heimatländern in den Genuss dieses freiheitlichen Privilegs zu kommen.

Man darf sich aber auch nicht völlig davon verabschieden, seine Augen vor Vorgängen zu verschließen, die nun einmal einen faden Beigeschmack behalten werden. Wenn wir uns immer wieder darauf zurückziehen, machtlos gegen Vorgänge wie oben beschrieben zu sein, dann geben wir den Mächtigen ein Zepter in die Hand, welches die Menschen in jedem Land stets für sich behalten sollen. Es ist das Zepter der Freiheit und der Gerechtigkeit, ohne die eine Gesellschaft nicht existieren kann. Und wenn man versuchte, Freiheit und Gerechtigkeit zu unterdrücken, dann wurden die Unterdrücker eines Tages von der Geschichte hinweggefegt.

Und es wird der Tag kommen, an dem viele der heute noch im Dunkeln liegenden Dinge ans Tageslicht kommen werden. Vielleicht müssen sich aber dann auch andere revidieren, die voreilig den Stab über vermeintlich Schuldige gebrochen haben. Das Werfen von Steinen aus oder in ein Glashaus hinein hat zumindest noch nicht dazu geführt, das gläserne Gebäude unversehrt zu erhalten.

Die Menschen in Deutschland haben insbesondere nach der Wiedervereinigung eine großartige Leistung erbracht, denn es lag und liegt sicher nicht an ihnen, dass sich Einzelne an den Möglichkeiten, die die territoriale Erneuerung des Landes mit sich brachte, bereicherten. Es waren zumeist nicht die „Kleinen Leute“, denen wir hüben wie drüben Fehler ankreiden sollten, ohne die unser Land heute anders, besser dastehen würde. Das ist ermutigend und aufbauend zugleich, denn wenn die Mächtigen die Bühne verlassen haben, dann werden wir alle immer noch dafür Sorge tragen müssen, dass sich unser Land durch uns und durch unser aller Energie und Ehrgeiz verändert. Hier bleibt für Depressionen, so verständlich sie auch manchmal sein können, nicht lange Platz.

4. Mehrheiten, aber welche? Ist die Welt so schwierig?

Irgendwann nach der Wiedervereinigung trat politisch das zutage, was man gesellschaftlich lange vermutet hatte. Die vormals gerade im Westen beherrschenden Mehrheiten gerieten ins Wanken und in Deutschland war man politisch auf der Suche nach neuen Konstellationen, die das Regieren auf verschiedenen Ebenen überhaupt erst ermöglichten. War es im Jahr 1983 noch geradezu unglaublich, wie neben den Sozial- und Christdemokraten und den Liberalen mit den Grünen eine weitere Partei in den Bundestag gelangen konnte, so hatte man es angesichts der SED Nachfolgepartei PDS mit einer politischen Gruppierung zu tun, stabiles und weiter wachsendes Potential in den neuen Bundesländern verfügte und auch heute noch verfügt.

Wie sich die Bilder glichen, denn 1983 tönten die Altparteien des Bundestages noch im gemeinsamen Chor über die „geblümten" Abgeordneten aus den Reihen der Grünen, denen Anzug und Krawatte ebenso fremd waren wie etwa parlamentarische Etikette, ohne auch nur das geringste politische Argument gegen die neue Partei ins Feld bringen zu können und nach der Wiedervereinigung kriminalisierte man die PDS per se als indoktrinierte Nachfolgepartei einer Verbrecherorganisation, die ihre Bürger mit Beton und Stacheldraht in einem großen Freiluftgefängnis hielt. Der Effekt war derselbe. Durch eine mangelhafte inhaltliche Auseinandersetzung mit diesen beiden Parteien trieb man ihnen die Wähler geradezu massenweise in die Arme. Grüne und PDS hätten eigentlich ihre Wahlkampfbudgets eine Zeit lang zu gleichen Teilen an die CDU, die SPD und die FDP überweisen können, denn niemand verstand es besser, ihnen den Weg zu bahnen, als ihre eigentlichen politischen Gegner. Das ist eigentlich vollkommen absurd, aber so geschah es nun einmal. Und man bedenke, dass Politik noch lange nicht im Entferntesten etwas mit Logik zu tun habe. Schauen wir uns die in gewisser Weise parallelen Entwicklungen einmal etwas genauer an.

Im Umgang mit den Grünen dauerte die Phase der Arrangierung nicht sehr lange, denn schon 1985 vereidigte man einen Politiker der Grünen als Umweltminister des Bundeslandes Hessen. Mit weißen Tennisschuhen, die seinerzeit dem Hype um den frischgebackenen Wimbledonsieger dieses Jahres Boris Becker absolut entsprachen, legte der spätere Bundesaußenminister Joschka Fischer seinen ersten Amtseid im hessischen Landtag als Staatsminister für Umwelt und Energie im Kabinett des SPD-Ministerpräsidenten Holger Börner ab. Es waren lediglich zwei Jahre vergangen, nachdem die Partei der Grünen erstmals den Einzug in den Bundestag schaffte. So einfach kann es für eine Partei sein, wenn man sich mit ihr inhaltlich nicht ernsthaft auseinandersetzen mag, oder diese Auseinandersetzung schlicht scheut. Im Ergebnis war dies ein Erdrutsch in der parlamentarischen Parteienlandschaft Deutschlands, welche zuvor über Jahre hinweg beinahe ausschließlich von den altbekannten drei Parteien beherrscht worden war. Die weiteren Geschichten und der Aufstieg der Grünen, auch nach der Wiedervereinigung als Bündnis90/Die Grünen, sind allseits bekannt. Heute sind sie als Fraktion aus dem Bundestag und vielen Landtagen, bei einer strukturellen Schwäche im Osten des Landes, gar nicht mehr wegzudenken. Hätte dies ein Parteienforscher Anfang der 1980er Jahre laut geäußert, wäre er wahrscheinlich der Lächerlichkeit preisgegeben worden.

Ähnlich verhielt es sich mit der PDS. Mit ihrer Galionsfigur Gregor Gysi an der Spitze gelang auch ihr der Sprung in den Bundestag. Zunächst zwar lediglich legitimiert durch Wählerstimmen aus den Neuen Bundesländern, aber dennoch waren sie im Deutschen Bundestag vertreten. Auch der PDS begegnete man zunächst nur auf dem ideologischen Feld, ohne sich mit ihren Inhalten auseinanderzusetzen. Die Partei der „Roten Socken“ war im Angesicht der „Demokraten“ unter den Parteien in Deutschland nichts weiter als die Fortführung der SED Ideologie unter einem anderen pseudodemokratischen Gewand und einem anderen Namen. Allerdings verstand es die Partei sehr geschickt, die eigene Klientel in den Neuen Bundesländern gut zu pflegen. Nicht selten berichteten die Medien über örtliche Parteigremien der PDS, die den Menschen nach der Wiedervereinigung Hilfestellung bei der Bewältigung alltäglicher, neuer und bis dahin unbekannter Probleme gaben. Dies wäre anderen Parteien genauso möglich gewesen, doch man beließ es bei dem bekannten Zeigefinger, der von Westen nach Osten deutete. Somit wurde es nur eine Frage der Zeit, bis die erste Landesregierung in den Neuen Bundesländern letztlich nur mit Duldung der PDS regieren konnte. Seinerzeit tat sich die SPD unter Reinhard Höppner in Sachsen-Anhalt noch schwer, einen formalen Koalitionsvertrag mit der

PDS aufzusetzen, jedoch bildete der Ministerpräsident seine Regierung formal nur mit der Zustimmung der PDS, die man wenige Jahre zuvor als nicht demokratisch und damit unakzeptabel abstempelte. Machtwille und Machtversessenheit fördern allem Anschein nach das schnelle Vergessen. Das ist eine immer wiederkehrende und hochinteressante Beobachtung.

Einen Unterschied zwischen den demokratischen Vorgängen aus der Mitte der 80er Jahre und kurz nach der Wiedervereinigung war der, dass sich in Hessen eben noch eine Mehrheit aus SPD und Grünen gebildet hatte, in Sachsen-Anhalt dies formal nicht der Fall war, auch wenn dies gleichwohl möglich gewesen wäre. In einem Akt der Verschleierung suchte die SPD im Falle der Regierung Höppner, sich von der PDS quasi waschen zu lassen, ohne aus den Händen der „Roten Socken“ benetzt zu werden. Dass dies von den politischen Gegnern wahltaktisch und damit stimmungsmachend verwendet werden musste, war völlig klar. Es entstand die vielfach zitierte „Rote Socken“-Kampagne, mit der sich einerseits die CDU und andererseits auch die FDP zu positionieren suchten, ohne je eine inhaltliche Gegenposition einzunehmen. Die Abwahl der bürgerlichen Koalition war nur noch eine Frage der Zeit, und diese Abwahl begann mit besagter Kampagne, auch wenn man sich noch einmal über die Mehrheitshürde retten konnte. Was Heiner Geißler als „Gefährlicher Sieg“ bezeichnete, war im Jahr 1994 der Anfang vom Ende der Ära Helmut Kohl.

Im Zusammenhang mit dem Ende der schwarz/gelben Bundesregierung darf aber auch ein Umstand nicht zu verschwiegen werden, der ebenfalls einen immensen Beitrag zum Wechsel leistete. Durch die Wahlausgänge bei den zahlreichen Landtagswahlen vor und nach der Bundestagswahl 1994 veränderten sich die Mehrheitsverhältnisse im Bundesrat dramatisch. In der Länderkammer besaßen die SPD geführten Bundesländer eine Absolute Mehrheit, und sie waren so in der Lage, den Gesetzgebungsprozess auf Bundesebene teils deutlich zu verlängern oder gar ganz lahm zu legen. Ungeachtet der Tatsache, dass es auch der SPD klar sein musste, wie sehr die Trägheit der politischen Institutionen des Bundes auch die Bürger abschreckte und sie anderen Parteien an den Rändern damit in die Arme treiben konnte, benutzte sie diese Pattsituation zur eigenen, wiederum wenig inhaltlichen Positionierung. Oskar Lafontaine, der damalige saarländische Ministerpräsident und zwischenzeitlich zum Parteivorsitzenden avancierte Verhandlungsführer der SPD im Vermittlungsausschuss von Bundestag und Bundesrat, setzte auf den „stabilen Patt“ innerhalb dieser Mehrheitsverhältnisse und leistete damit der Erosion Helmut Kohls Macht deutlichen und, wie sich 1998 erweisen sollte, unaufhaltsamen Vorschub. Der Sieg der Sozialdemokraten mit den Bündnisgrünen 1998 ging aus einem eindeutigen politischen Unentschieden hervor.

Eine taktische Meisterleistung des Saarländers, die dem niedersächsischen Ministerpräsidenten Gerhard Schröder bei der folgenden Bundestagswahl ins Kanzleramt verhelfen sollte. Allerdings missachtete dieses parteipolitische Taktieren jeglichen Wählerauftrag, der die Parteien und ihre Repräsentanten grundsätzlich auf einen Gestaltungsauftrag für unser Land verpflichtet und sie nicht dazu animieren sollte, die Interessen einer Partei über die zentralen Interessen des gesamten Landes zu stellen. Nichtsdestotrotz wuchs die Macht der SPD und in ihrem Sog steigerten die Bündnisgrünen in den Folgejahren ihre Ergebnisse, was letztlich zum Machtwechsel in Berlin führen sollte.

Im Gewand der Inhaltslosigkeit der großen Parteinen unseres Landes, der SPD und der CDU, forcierten die Jahre zwischen 1994 und 1998 allerdings auch den Zulauf zur PDS, die es erstmals 1998 schaffte, in Fraktionsstärke in den Deutschen Bundestag einzuziehen. Durch das Vorgehen der SPD unter Oskar Lafontaine und den späteren Bundeskanzler Gerhard Schröder riefen die etablierten Parteien schließlich die Geister, die sie in den Jahren 1983 und kurz nach der Wende 1990 noch abstoßen wollten. Ein beinahe einmaliger Vorgang politisch umnachteten Handelns, durch welches lediglich für eine kurze Zeit stabile Mehrheitsverhältnisse geschaffen werden konnten. Oskar Lafontaine, der 1998 zum Bundesfinanzminister ernannt wurde, verließ kurze Zeit später sein Amt. Er verabschiedete sich für einige Jahre aus der Bundespolitik, um im Jahr 2005 gemeinsam mit Gregor Gysi und seiner PDS wiederum an einem Fraktionstisch Platz zu nehmen. Die demokratischen Parteien des Landes scheinen sich mehr aus sich selber heraus als aus den Mehrheitswillen der Menschen des Landes, ihrer eigentlichen Wähler und damit Auftraggeber, zu speisen.

Wenn man diese Vorgänge einmal genau betrachtet und die maßgeblichen Personen nicht aus dem Auge verliert, dann beschleichen einen nach dem anfänglichen Kopfschütteln doch die Momente, an denen überdeutlich wird, dass Demokratie ihre Spannung doch über die Jahrhunderte hinweg behalten hat und auch heute noch spannend ist.

Insgesamt blieb allerdings festzustellen, dass sich die beiden großen Parteien nicht mehr auf ihre Stammklientel verlassen konnten. Akademiker der mittleren Lebensjahre gaben ihre Stimme, trotz Familie und Eigenheim, den Grünen, während beispielsweise eine große Zahl von Wählern aus dem Mittelstand in dem jugendlich-liberal auftretenden Gerhard Schröder eine neue Chance sahen, das Land voran zu bringen. Auf der anderen Seite würdigten insbesondere gegen Ende der Kanzlerschaft Schröders immer weniger Arbeitnehmer, angesichts der stetig wachsenden Arbeitslosigkeit, die Arbeit der SPD und zogen entweder ins Lager der PDS oder versammelten sich unter den Fahnen radikaler Gruppierungen am rechten Rand des Parteienspektrums, wenn sie sich nicht der Union anschlossen. Das Ergebnis der letzten Landtagswahl im Jahr 2004 in Sachsen mag hier nur eines der Beispiele sein.

So hätte die Deutsche Einheit auch zu einer inhaltlichen Neuausrichtung der großen und etablierten Parteien werden müssen, Gründe genug lagen angesichts der Vielzahl von Nicht- oder Wechselwählern auf der Hand. Aber bislang hat sich unter diesem Blickwinkel nicht viel getan, was die Mehrheitsverhältnisse der folgenden Wahlen noch deutlicher unter Beweis stellen sollten. Im Lichte von Parteiinteressen wurde „Deutschland einig Vaterland“ zu einem schwer kalkulierbaren Feld verschiedener Interessen, auf das sich noch niemand einstellen konnte. Da darf man schon einmal laut fragen, ob sich die Politik mit den Menschen im eigenen Land nicht mehr auseinandersetzen wollte oder will? Um den mitunter schwierigen Verhältnissen zu entkommen, schlossen sich auf einigen Ebenen auch Bündnisse, die vorher undenkbar gewesen wären. Da wird in der Stadt Mülheim an der Ruhr auf einmal Bündnis90/Die Grünen selbst für eine CDU hoffähig. Auf Landes- und Bundesebene wiegeln jedoch beide Parteien eine Zusammenarbeit ab, was angesichts der langfristigen Kooperation in der Ruhrgebietsstadt nur Kopfschütteln hervorrufen kann. Da ruft der ehemalige Bundesaußenminister, allerdings in einem etwas anderen Zusammenhang, Joschka Fischer während einer seiner Reden einem Anhänger zu, die Welt sei nicht so einfach, wie man sie sich wünsche und vorstellte. Ist das wirklich so? Oder muss man einmal die Gegenfrage stellen: Machen sich die Parteien in unserem Land ihre Welt schwerer als sie in Wirklichkeit ist? Unlängst vernahm man beispielsweise auch die Meldungen aus dem brandenburgischen Cottbus, wo sich ein CDU-Politiker mit dem Wohlwollen der PDS zum Oberbürgermeister der Stadt wählen lassen will. Ein klarer Fall eines individuellen Machtanspruchs, der letztlich von der Partei zwar durchgewunken aber alles andere als inhaltlich gebilligt wird. Was sollen angesichts solcher Uneinigkeiten die Menschen eigentlich denken und glaubhaft wahrnehmen?

Wenn man einmal die beschriebenen Vorgänge durchdenkt, dann waren die Wählerreaktionen auf bestimmte politische Vorgänge stets eine logische Schlussfolgerung aus dem jeweiligen Handeln der Machthaber. Wenn also der Inhaber der Macht auf diese Reaktionen seiner Wähler stets zu reflektieren weiß und sich nicht mehr und mehr von seinen Wählern zu entfernen sucht, dann sollte es ihm doch gelingen, auch künftig stabile Mehrheiten auf sich und seine Partei vereinigen zu können. So absurd es klingen mag, aber der Freistaat Bayern und die dort agierende CSU sind das beste Beispiel dafür, wie man dies richtig macht. Es kann aber auch sein, dass ich hier vollends irre, denn die Welt mag in der Tat schwieriger sein, als ich denke. Ich werde darüber einmal genau nachdenken. Das sollten wir übrigens alle einmal tun.

Die Kanzlerschaft des Niedersachsen Gerhard Schröder bezeichnete keinen wirklich inhaltlichen Wendepunkt in der gesamtdeutschen Politik. Zwar berief Schröder erstmals die Bündnisgrünen in eine Regierung, doch auch ihnen gelang es nicht, nachhaltige Akzente zu setzen, die das Land stärkten und die erlahmende Wirtschaft sowie den unter Druck geratenen Arbeitsmarkt beleben konnten. Es waren vielmehr die herkunftsgeprägten Entscheidungen der Bundesregierung, die über ihre Amtszeit hinaus nachwirkten. Mit dem Atomausstieg und der Mineralölsteuer beruhigten die Grünen zwar ihre Wähler, einen wirklichen Politikwechsel konnten allerdings auch sie nicht in Gang setzen.

Ganz anders, denn der Atomausstieg ist auf lange Zeit hinausgeschoben worden und letztlich wird sich mit Deutschland das Land zuerst von dieser Stromgewinnung verabschieden, welches weltweit über die sichersten Anlagen verfügt. Man darf nur hoffen, dass an den Grenzen zum Osten nicht irgendwann mal wieder ein Atommeiler in die Luft geht und Tschernobyl auferstehen lässt. Man hätte vielleicht darauf drängen sollen, den technologischen Standard deutscher Atomanlagen auch im internationalen Kontext einzufordern, was einer ökologischen Erneuerung von wirklich globaler Politik näher gekommen wäre, aber wahrscheinlich ist genau diese Überlegung zu visionär gewesen.

Die Einführung des Dosenpfands war eine schlecht ausgegorene Geschichte des unglücklichen Umweltministers Jürgen Trittin und die stufenweise Erhöhung der Mineralölsteuer bei beinahe gleichzeitiger Kürzung der Pendlerpauschalen waren nichts anderes, als der offensichtliche Versuch, den Menschen in unserem Land noch mehr Geld aus dem Säckel zu nehmen. Versuch erfolgreich! Ergebnis ernüchternd! Politische Auswirkung für die eigene Koalition verheerend! So einfach kann das auf der Welt sein. Oder etwa doch nicht? Nein, denn nach der verlorenen Bundestagswahl im Jahr 2005 bemühte sich Jürgen Trittin erfolgreich um einen Posten in der Spitze der Grünen-Bundestagsfraktion, deren stellvertretender Vorsitzender er heute ist. Macht bedeutet also nicht nur Verantwortung, sie sollte eigentlich auch ein Mindestmaß an Lernfähigkeit voraussetzen.

Bereits nach einer Wahlperiode drohte die rot/grüne Bundesregierung aus dem Amt zu kippen. Neben einer hohen Fluktuation beim mitregierenden Personal im ersten Schröderkabinett verschob sich auch sukzessive die Mehrheit im Bundesrat, wodurch sich eine ähnliche Pattsituation entwickelte wie diese zuvor Helmut Kohl im Jahr 1998 zum Verhängnis wurde. In der dramatischen Wahlauseinandersetzung des Jahres 2002 kamen Kanzler Schröder zwei Faktoren zu Hilfe, die seinen Herausforderer, den bayrischen Ministerpräsidenten Edmund Stoiber, letztlich scheitern ließen.

Die Ausgangssituation zu Beginn des Wahlkampfes musste die heutige Bundeskanzlerin und CDU Vorsitzende Angela Merkel verzweifeln lassen. Zu deutlich schien der Vorsprung Stoibers und mit seiner Kanzlerschaft hätte sich, ziemlich wahrscheinlich zumindest, Angela Merkels Griff nach der Macht erledigt gehabt. Beim gemeinsamen Frühstück hatten Merkel und Stoiber sich auf die Kandidatur des Bayern geeinigt, der erstaunlich sicher durch die Republik fuhr und erfolgreich auf Stimmenfang ging. Das Hochwasser an Elbe und insbesondere der Oder machte ihm allerdings einen deutlichen Strich durch die Rechnung. Nach tagelangen Regenfällen drohte die Oder über die Dämme zu treten und somit standen Tausende Menschen in den Neuen Bundesländern vor den Scherben ihrer Ersparnisse und ihrer Eigenheime. Schröder ließ nichts unversucht und zeigte sich vor Ort anpackend und versprechend zugleich, womit er den betroffenen Menschen in vielen großen Städten und kleinen Orten das Gefühl gab, er sei für sie da. Finanzielle Soforthilfen wurden zu einem politischen Wahlkampfinstrument und der Steuerzahler wurde darauf verpflichtet, nicht nur die Kampagne der Regierung durch Ausgleichsmittel für erhaltene Stimmen zu bezahlen, sondern in einem Akt der gemeinsamen Solidarität auch den Menschen an Oder und Elbe zu helfen. Die Strategie ging auch deswegen auf, weil sich das Wetter beruhigte und die notdürftig hergerichteten Deiche hielten. Hilfe, Solidarität und gemeinsame Anstrengung! Wohl niemals zuvor konnte ein Bundeskanzler unvorhersehbare Naturgewalten als Gegenstand des eigenen Partei- und Wahlprogramms verkaufen. Die Medienstrategie war genial, auch wenn wieder einmal die schlüssigen Inhalte fehlten. Doch dafür war Gerhard Schröder längst bekannt geworden.

Als am 11. September 2001 Terroranschläge des Islamisten Osama Bin Laden und seiner Schergen die Vereinigten Staaten von Amerika erschütterten und Tausende Menschen in den niederstürzenden Türmen des World Trade Centers in New York begraben wurden, waren der Kanzler und sein Außenminister schnell zur Stelle und versicherten der amerikanischen Regierung, unter dem in Deutschland und vielen anderen Teilen der Welt nicht sonderlich gut gelittenen Präsidenten George W. Bush, ihre uneingeschränkte Solidarität. Die Demokratien dieser Welt stehen uneingeschränkt zusammen im Kampf gegen den Terror, so ein Tenor der Ausführungen aus deutschen Regierungskreisen. Auch stehe Deutschland seinen amerikanischen Freunden in den schlimmen Stunden bei. Als Präsident Bush jedoch zum Krieg gegen den Irak aufrief, da verweigerte die deutsche Regierung, wie übrigens auch Frankreich, den amerikanischen Freunden die Gefolgschaft. Die Entscheidung war wahrscheinlich angesichts der von US-Außenminister Powell im UN-Sicherheitsrat in New York, eben beinahe zu Füßen der eingestürzten Türme, vorgetragenen Erkenntnisse über die Bedrohung durch den Irak, welche sich später als Lügen herausstellen sollten, nicht falsch. Grundsätzlich trafen Fischer und Schröder diese angesichts der bevorstehenden Wahlen in Deutschland und mit dem Wissen ausgestattet, dass die Mehrheit der Menschen offenbar gegen einen

Feldzug unter Heranziehung fadenscheiniger Argumente war. Im Ergebnis, so darf man leise mutmaßen, werden deutsche Einheiten oder sonstige Unterstützungsverbände oder –einrichtungen zwar einen kleinen und stillen Beitrag zum Wohle der deutsch-amerikanischen Beziehungen geleistet haben. Die Menschen in Deutschland honorierten dem Gespann Schröder/Fischer, wobei letztgenannter seine Partei auf den Namen „Joschka“ umtaufte (man rufe sich nur einmal die Bilder seines Wahlkampfbusses in Erinnerung), dieses Verhalten mit der, wenn auch äußerst knappen, Wiederwahl. Man kann sich das erleichterte Durchatmen von Angela Merkel am Ende einer langen Wahlnacht sicher lebhaft vorstellen. Edmund Stoiber hingegen wird sich nur sehr ungern an die bereits geöffneten Sektflaschen erinnern, die an jenem Abend nach den ersten Hochrechnungen der Fernsehsender im CDU-Haus verfrüht die Runde gemacht hatten.

Mit der Wiederwahl Schröders war sein eigenes Ende allerdings schon eingeläutet. Aus der „Politik der ruhigen Hand“, wie er seine Kanzlerschaft selber nur deswegen bezeichnete, um die konservativen Kräfte in Deutschland zeitweise zu narkotisieren, wurde eine Politik des Aktionismus, der in den Hartz-Gesetzen (I – IV) und in der Agenda 2010 mündete. Die Inhalte der Agenda waren so undurchsichtig, dass nicht einmal Mitglieder der Regierungskoalitionen vor Kameras sagen konnten, worum sich alles drehe. Wenn eben schon auf einmal unzählige Inhalte präsentiert werden, dann waren dies so viele verworrene, das sich niemand mehr auskannte, von dem man es eigentlich erwarten durfte. Mit den Hartz-Gesetzen wollte man den Arbeitsmarkt beleben und bekämpfte zumeist eher die Arbeitslosen als die Arbeitslosigkeit. Effektlos mussten diese Gesetze mehrfach umgearbeitet werden, bevor sie sich entfalten konnten. Erste Ergebnisse konnte Schröder allerdings nicht mehr als Kanzler präsentieren, denn einerseits stiegen die Arbeitslosenzahlen anfangs weiter und andererseits verlor der Ministerpräsident des SPD-Stammlandes Nordrhein-Westfalen Peer Steinbrück im Mai 2005 sein Amt an seinen Herausforderer von der CDU, dem ehemaligen Minister unter Helmut Kohl, Jürgen Rüttgers.

Um erneut Joschka Fischer zu bemühen: Eigentlich sind die Entwicklungen alles andere als schwierig zu begreifen. Die Welt kann also, betrachtet man die Dinge in ihrer Wirkung, doch nicht so schwierig sein.

Nach der Niederlage in Nordrhein-Westfalen traten Gerhard Schröder und sein Parteivorsitzender Franz Müntefering vor die Kameras und erzählten davon, man wolle den Bundestag auflösen und Neuwahlen ansetzen. Offensichtlich waren die im Jahr 2002 zustandegekommenen Mehrheiten nicht mehr ausreichend, das Land zu regieren. Sieht man einmal von der Situation im Bundesrat ab, hatten sich die knappen aber klaren Fronten im Bundestag nicht verändert. Man rief den Bundespräsidenten an, der sich die Sache ein paar Tage überlegte und den Menschen in Deutschland bekannt gab, es werde im Herbst 2005 erneut gewählt. Es ist sicherlich beachtlich, wenn sich ein Kanzler quasi ohne direkte Not seiner Bevölkerung zur Wahl stellt, was aber sollen die Menschen denken, die ihr Vertrauen in die eine oder andere Seite setzten und nun feststellen müssen, die Machthaber können mit der ihr übertragenen Macht auf Zeit nicht einmal wirklich umgehen? Der Auflösung des Bundestages folgte ein neuerlicher Wahlkampf, in dem sich der Amtsinhaber der CDU-Vorsitzenden Angela Merkel gegenübersah. Kanzlerbonus hin, Frauenpower her, der Ausgang der Bundestagswahl war besonders für die CDU und ihren potentiellen Koalitionspartner FDP mehr als ernüchternd. Errangen die Liberalen noch den dritten Platz unter den für den Bundestag kandidierenden Parteien, so fanden Sie sich dennoch auf den Oppositionsbänken wieder, da die beiden großen Parteien auf allenfalls mittleren zahlenmäßigen Stimmenniveau annähernd gleichauf, mit einem kleinen Stimmenvorteil für die CDU, die Ziellinie überquerten. Da es für keine der „kleinen" Koalitionskonstellationen reichen konnte, blieb den Großen nichts übrig, als eine große Koalition in Angriff zu nehmen, die letztlich nach zähen und hartnäckigen Verhandlungen besiegelt wurde.

An jenem Wahlabend verspielte Kanzler Schröder bei den Menschen im Land seinen allerletzten Kredit, als er im Fernsehen in der „Berliner Runde" die Herausforderin offen attackierte und trotz seiner, wenn auch unerwartet knappen Wahlniederlage, auf der Kanzlerschaft weiterhin bestand. Dem kleinlaut neben Schröder sitzenden Außenminister war dieser Auftritt sichtlich unangenehm, da feststand, dass sich die Wege der beiden fortan trennten. In einem letzten Versuch, die Macht für sich zu erhalten trat Schröder in einer unangemessenen Art vor die Journalisten und die Öffentlichkeit, um sich schlicht und ergreifend ungehobelt und undemokratisch zu blamieren. Jeder zieht sich eben nur das Hemd an, welches einem auch wirklich gut passt. Selten traf diese alte Weisheit auf einen amtierenden Regierungschef eines demokratischen Staates besser zu als im Fall Gerhard Schröders nach der Bundestagswahl 2005. Eine öffentliche Entschuldigung Gerhard Schröders steht übrigens bis zum heutigen Tag noch aus. Die Wähler in Deutschland hätten diese verdient. Der knappe Wahlausgang brachte das schnell erwartete und einzig rechenbare Ergebnis. Die Große Koalition unter Angela Merkel wurde nach langwierigen Koalitionsverhandlungen gebildet und der zwischenzeitlich aus dem Amt des SPD-Vorsitzenden geschiedene Franz Müntefering wurde Vizekanzler.

In einem kleinen Seitenblick darf an dieser Stelle an diejenigen erinnert werden, die trotz oder gerade wegen verlorener Landtagswahlen in das Kabinett aufrückten. Da fand sich unter Schröder ein gewisser Hans Eichel, dem das Glück in Hessen nicht mehr hold war. Er wechselte aus dem Amt des Ministerpräsidenten, das er an den CDU-Politiker Roland Koch verloren hatte, in die Bundesregierung und wurde zu einem der erfolglosesten Finanzminister in der Geschichte der Bundesrepublik Deutschland, wenn man dieses Amt in diesen Zeiten überhaupt mit Erfolg ausüben kann. Sigmar Gabriel aus Goslar war einst Ministerpräsident in Niedersachsen, bevor er gegen Christian Wulff von der CDU verlor und über das Amt des Oppositionsführers im Landtag nun auf der Berliner Regierungsbank als Minister für Umwelt, Naturschutz und Reaktorsicherheit Platz genommen hat, um das Vermächtnis des Atomausstiegs seines Vorgängers Jürgen Trittin weiterzuführen. Immerhin sagt man Gabriel eine schnelle Auffassungsgabe nach und er kann sich vor den Medien als rhetorisch geschickter Redner ordentlich verkaufen, wenn auch wenig glaubhaft. Man sollte den Werdegang des 1959 geborenen Politikers im Auge behalten. Es wird ja irgendwann wieder gewählt. Nicht zu vergessen der eloquente Peer Steinbrück, der im nordrhein-westfälischen Wahlkampf von Jürgen Rüttgers deutlich bezwungen wurde und dennoch ein Sympathieträger in seiner Partei und darüber hinaus blieb, was ihm in Abwesenheit personeller Alternativen innerhalb der SPD den Job des Eichelnachfolgers im Finanzministerium einbrachte. Es ist immer wieder schön, wie sich bestimmte Personen doch auch immer und immer wieder in die vordersten Reihen kämpfen. Untersucht man den Werdegang Einzelner, kann man nicht einmal ernsthafte Rückschlüsse auf übergroßes spezifisches Ressortwissen ziehen.

Dies wiederum ist ein Merkmal von Politik an sich, unabhängig ob es sich um deutsche Politik oder die anderer Staaten handelte, und es zieht sich durch viele, viele Jahrhunderte demokratischer Staaten. Offensichtlich schlägt Mehrheitsfähigkeit wirkliche Sach- und Fachkompetenz, was im Ergebnis der Mittelmäßigkeit gleichgesetzt werden kann. Auch wenn dies immer wieder zu einem logischen Ergebnis demokratischer Prozesse wird, kann man darüber auch mal ins Grübeln kommen. Schlimmstenfalls wird das achselzuckende Unverständnis der Wähler eines Tages dazu führen, dass die Nichtwähler zahlenmäßig eine „Absolute Mehrheit" erringen werden, was insbesondere bei Wahlen auf Kommunaler Ebene aber auch bei Wahlen zum Europäischen Parlament schon heute zum demokratischen „Alltagsgeschäft" gezählt werden muss.

Die Regierung von Kanzlerin Merkel sieht aber auch andere neue alte Kräfte in den eigenen Reihen. Angela Merkel war selber Ministerin unter Helmut Kohl, Wolfgang Schäuble war ebenso in mehreren Regierungsfunktionen tätig und galt lange als der „legitime" Nachfolger und „Kronprinz" des Altkanzlers. Horst Seehofer erfreut sich ebenfalls erneut Ministerehren, auch wenn er eigentlich zu den unbequemeren Kantonisten seiner Partei gezählt werden kann. Edmund Stoiber, der als „Superminister" für beinahe alles vorgesehen war, verweigerte der Kanzlerin seine Gefolgschaft und wird den Rest seiner politischen Tage auf der Regierungsbank des bayrischen Landtages verbringen. Schaut man sich genauer um, dann fällt auch Michael Glos erneut ins Auge, der in den Kohljahren Landesgruppenchef der CSU und damit erster stellvertretender Fraktionsvorsitzender der CDU/CSU Bundestagsfraktion war. Auch unter den parlamentarischen Staatssekretären finden sich mit Friedbert Pflüger und Peter Hintze Namen, die einem schon lange geläufig sind. Man muss nur lange genug dabei sein und schon macht man einen Karrieresprung. Das ist Politik, nämlich Macht. Nicht mehr, aber auch nicht weniger!

Politik ist stets auf der Suche nach neuen Handlungsoptionen, welche durch Mehrheiten in den Parlamenten auf unterschiedlichen Ebenen abgesichert werden müssen. Das ist auch gut so. Man darf von der Politik und den Politikern auch einmal erwarten, dass sie Inhalte durchdenken und darstellen, bevor diese in die parlamentarische und gesellschaftliche Diskussion eingebracht werden. Solange solche Inhalte nicht zureichend erkennbar sind, werden sich die Menschen, nicht nur in unserem Land, sehr wohl überlegen, welcher Person oder welcher Partei fortan die eigene Stimme gehören soll. Das haben viele Politiker in Deutschland außer Acht gelassen und jammern heute über das unvorhersehbare Wahlverhalten der Bürger. Allem Anschein sollen es die Bürger den Politikern einfacher machen als umgekehrt. Also stimmt es doch, die Welt ist einfacher als wir alle denken. Wir müssen sie uns nur einmal genauer betrachten. Das trifft auf viele Länder und auf Politik an sich sehr häufig zu. Aber selten war eine Verdichtung solcher oder ähnlicher Vorgänge in einem kurzen Zeitraum von weniger als zwei Jahrzehnten offenkundiger als in Deutschland seit seiner Wiedervereinigung.

Vielleicht wäre dies nun ein bisschen zu viel der Behauptung, aber bei näherer Betrachtung fällt doch auf, dass das Ende der Kanzlerschaft Helmut Kohl ebenso wenig das Ergebnis einer inhaltlich gut organisierten und intelligent vorgetragenen Oppositionspolitik gewesen ist, wie etwa die auf Zufälligkeiten und glücklichen Umständen beruhende Wiederwahl der rot/grünen Bundesregierung im Jahr 2002, die sich in der Folge letztlich durch drei weitere Regierungsjahre mehr schlecht als recht hindurchquälte. Der Kanzlerwahl Angela Merkels ging ein Wahlkampf voraus, dem die wirklichen Themen fehlten. Zwar kritisierte die Opposition die Hartz-Gesetze, insbesondere Hartz IV, und auch die Agenda 2010 des Kanzlers wurde strategisch angegriffen, allerdings verpufften wirkliche Redeschlachten aufgrund der Tatsache, dass auch die CDU im Bundesrat den entsprechenden Gesetzen zustimmte und somit niemandem ernsthaft verkaufen konnte, unter einer christdemokratischen Regierung wäre vieles anders gekommen. Einzig bemerkenswert blieben die Äußerungen Schröders über diesen „Professor aus Heidelberg“ und die hochinteressante Strategie der heutigen Kanzlerin, hinter ihre „Personalie Paul Kirchhof“ am Ende doch noch zurückzurudern.

Einzig das Wahlbündnis auf der linken Seite des Spektrums konnte ein kleines Zünglein an der Waage werden, denn ohne ihren Einzug in den Bundestag hätte es für die bürgerliche Koalition der Mitte reichen können. Aber bereits die ersten Prognosen sollten die Parteigänger von CDU und FDP ernüchtern. Eineinhalb Jahrzehnte nach der Wiedervereinigung war die große Koalition nichts Weiter als die logische Konsequenz einer

Politik, welche eigentlich keine im Sinne der Menschen des Landes gewesen ist. Der Werdegang der PDS hatte nur anderthalb Jahr nach der Deutschen Einheit dazu geführt, dass sie letztlich – in einem etwas geänderten Gewand – einen regelrechten Einfluss auf die Zusammensetzung der Bundesregierung nehmen konnte, auch wenn dies von der überwiegenden Mehrheit der Menschen in unserem Land nach wie vor alles andere als gewollt ist. Vielleicht beginnt man ja jetzt so langsam innerhalb der großen Parteien damit, sich und die eigene Position zumindest ein Stück weit zu hinterfragen und neu auszurichten.

Im Mittelpunkt der Regierungen standen nicht etwa konsequente Reformen wie etwa im Hinblick auf eine Vereinfachung des Steuersystems. Man bemühte sich niemals wirklich um die Reformierung und Zukunftsfestigung Sozialer Sicherungssysteme, und auch die Familienpolitik war allenfalls eine leere Phrasierung. Man erinnere sich noch an solch witzige weil auch völlig undurchsichtige Formulierungen wie etwa einem „Familienleistungsausgleich". Auch unzählige kostenintensive parlamentarische Kommissionen hielten die Menschen in Atem, wie zum Beispiel die Enquete-Kommission „Demographischer Wandel". Nicht das geringste Ergebnis produzierend außer solche Erkenntnisse auf Papier mit Bundesadler zu drucken, welche man längst in der seriösen wissenschaftlichen Literatur hätte nachlesen können. Inhaltliche Fragen wurden aus den Parteigremien herausgegeben, man spricht hier auch von Outsourcing, und man beauftragte Berater, gleich welcher Art, damit, sündhaft teure Gutachten zu erstellen, die die Realität stets im Licht und unter dem Blickwinkel des jeweiligen Auftraggebers darstellten. Die Rechnungen der KPMGs, Roland Bergers, Accentures und so weiter bezahlten freilich nicht die Auftraggeber, sondern die Steuerzahler. Dies liegt schlicht in der Natur solch einfacher Sachen wie einer recht unübersichtlichen Positionierung von politischen Parteien und der Tatsache, dass die Welt, sollte sie einmal wirklich schwierig werden, einfach gehalten werden muss. Es müssen sie nur genügend Menschen zu verstehen suchen. Um ein solches Vorgehen künftig einzudämmen, ersonn man immer neue Gesetze und Regelungen. Eine dieser hört auf den Namen Konnexitätsgesetz. Dieses kann damit auf den Punkt gebracht werden, dass derjenige, der die Musik bestellt nicht nur bestimmen kann, was sie spielt, sondern am Ende die „Musiker" aus der eigenen Tasche zu bezahlen hat. Und wenn der Bundesrechnungshof einfach einmal anmahnt, dass es zu Unregelmäßigkeiten gekommen ist, dann will niemand für die Auslösung der Bestellung am Ende verantwortlich sein.

In der Summe all dieser Vorgänge muss es doch völlig einleuchten, dass keine der großen Parteien eine deutliche Mehrheit für sich und das eigene Lager gewinnen konnte. Wenn man aus der Politik nach der Wahl am Ende die Schuld bei Meinungsforschungsinstituten sucht, die falsche Zwischenergebnisse präsentierten, dann hat sie noch immer nichts verstanden. Und es ist auch die Aufgabe der Menschen in unserem Land, dies der Politik auch laut und deutlich immer und immer wieder zu sagen. Politik und Politiker leben stets von ihrer Glaubwürdigkeit und wenn sie diese eines Tages verloren haben, dann ist das Ende der eigenen Karriere zumindest deutlich in Sicht gekommen. Im Vollrausch eigener Macht haben allerdings leider auch nicht wenige ihrer Inhaber vergessen, wie sie mit den zeitlich befristeten Befugnissen umzugehen haben.

Mal werden Kontakte und Einflüsse genutzt, aus der Politik heraus in die Wirtschaft zu wechseln, um bei einem neuen Arbeitgeber zu einem hoch dotierten Nutznießer eigener politischer Richtungsentscheidungen zu werden. An Beispielen, die an anderen Stellen ausgiebig erwähnt werden, mangelt es freilich keineswegs. Und manchmal ist die Versuchung, auch in aussichtslosen Situationen nicht von der Macht lassen zu wollen, einfach zu groß, als dass man das eigene politische Ende akzeptierte. Zum schillernden Beispiel dieser Tragik wurde jüngst die ehemalige Ministerpräsidentin Schleswig-Holsteins Heide Simonis. In nicht weniger als vier Wahlgängen stellte sie sich letztlich auch erfolglos dem Landtag zur Wiederwahl in ihrem Amt. Wie sich später herausstellte verweigerten ihr Mitglieder der eigenen Partei und nicht eines Koalitionspartners die Gefolgschaft. Der Frau entsprechenden Mut abzusprechen wäre ein großer Fehler, denn sie hatte den Schneid, sich immer aufs Neue dem Parlament zu stellen. Am Ende des Tages lenkte sie geschlagen ein und überließ ihren „Erbhof“ notgedrungen dem CDU-Politiker Peter-Harry Carstensen.

Dieser Vorgang wäre weit weniger interessant gewesen, wenn Frau Simonis in einem Fernsehinterview darauf angesprochen, warum sie nicht auf die Wahl zur Ministerpräsidentin verzichte, geantwortet hätte, was denn dann mit und aus ihr werde. Mit ziemlicher Sicherheit waren die Fürsten in der Berliner SPD-Zentrale alles andere als erfreut über so viel Sturheit.

Heute tanzt sich Frau Simonis in die Herzen von RTL-Zuschauern in einer an Geistlosigkeit kaum zu überbietenden Verschwendung von Fernsehminuten. Jetzt, nachdem ein wenig Gras über ihren politischen Abgang wachsen konnte, sieht man sie sogar wieder in einigen politischen Talkrunden sitzen. Das Wort und Wissen ehemals Mächtiger ist nach wie vor in den Medien gerne gesehen. Eigentlich ein trauriges Kapitel unseres Medienzeitalters, in dem aus allem und jedem eine Nachricht werden kann, wenn man es nur richtig anzustellen vermag.

Macht bedeutet eben auch, dass sich ihre Inhaber der zeitlichen Befristung bewusst bleiben. Politische Macht wird stets über einen gewissen Zeitraum hinweg von den Wählern an Parteien und Politiker vergeben. Am Stichtag der Neuwahl entscheiden die Menschen dann wiederum, wer in den kommenden Jahren die Geschicke in die Hand nehmen sollte. Das alles wissen wir seitdem der Parlamentarische Rat seine Arbeit im Museum König zu Bonn beendet hatte und das Grundgesetz der Bundesrepublik Deutschland vorlegte. Es sind beinahe sechzig Jahre seit jenem denkwürdigen Ereignis vergangen. Heute scheint den Politikern die Zeit zu verfliegen, denn mit vier Jahren sind sie auf Bundesebene nicht mehr zufrieden und fordern deshalb eine Verlängerung der Wahlperiode auf fünf Jahre. Wahrscheinlich hätten Sie am liebsten sieben Jahre, um bereits nach einer Wahlperiode in den Genuss üppigster Pensionsansprüche zu kommen. Dieses „Pfeifen im Walde“ raubt den Menschen den letzten Glauben an Parteien und an Politikern. Warum es deshalb keine eindeutigen Mehrheiten mehr geben kann, ist doch völlig logisch wie einleuchtend. Ich selber habe im Jahr 1998 als Mitarbeiter eines Bundestagsabgeordneten sehen dürfen, wie sich einige der „hohen Herren“ nach ihrer Abwahl aus dem Bundestag verhalten haben. Das sind solche Leute, die den Bezug zu ihren Wählern völlig verloren hatten, während sie sich über das Votum beschwerten. Ein ganz Bestimmter aus der CDU-Hochburg Baden-Württemberg saß zu jenem Zeitpunkt sogar als Randfigur am Kabinettstisch. Um nicht noch mehr Kopfschütteln zu verursachen, werde ich mir an dieser Stelle den Namen ersparen. An meinem wachsenden Unverständnis gegenüber solchen Politikern änderte sich seither nicht mehr sonderlich viel, auch wenn ich mir nach wie vor große Mühe gebe, die taktischen Spielereien von Parteien und Politikern untereinander wie gegenüber der Presse, den Medien und der Öffentlichkeit zu verstehen und richtig einzuordnen. In jedem Jahr, spätestens mit Beginn der Sommerpause und dem gleichzeitig einsetzenden Sommertheater fällt mir und vielen anderen dies zusehends schwerer.

Politik lebt durch das Wechselspiel zwischen Aufrichtigkeit und Vertrauen, dass sie den Bürgern entgegen bringen muss und sie andererseits von den Wählern auch ein Stück erwarten darf. Ist einmal eines von beiden erschüttert, dann hat eine parlamentarische Demokratie ein ernsthaftes Problem zu meistern. Manchmal sind die Leute wahrlich nicht um ihre Aufgaben zu beneiden. Aber wenn man als Abgeordneter schon einmal dem Glauben verfällt, beispielsweise eigentlich mehr verdienen zu müssen, dann sollten sie sich auch fragen, welche wirkliche Verantwortung sie tragen und wie hoch ihr individueller Beitrag zur Gestaltung des Landes ist. Dabei würden erstaunliche Dinge zutage treten, da kann man sich ganz sicher sein. Richtig auf sich selbst reflektierende Politiker wissen nämlich ganz genau, dass ihr persönlicher Einfluss überschaubar ist solange sie in den hinteren Reihen ihrer jeweiligen Fraktionen Platz nehmen. Lassen wir uns nichts anderes weiß machen, denn diese Politiker sind möglicherweise kleine „Fürsten" in ihren eigenen Wahlkreisen, auf höheren Ebenen sind sie schlicht austauschbare und jederzeit ersetzbare Figuren, welche rechtzeitig den Arm an der richtigen Stelle zur Abstimmung heben sollen.

5. Investitionen und Arbeit

Wer sich tiefere Gedanken über das Seelenleben der Menschen in Deutschland machen will, darf seinen Blick nicht ausschließlich auf die Politik richten, denn auch in angrenzenden Bereichen führten bestimmte Entwicklungen dazu, dass das Land in eine schwere Krise stürzte, von dem es sich nur schwer wieder wird erholen können. Mit dem Zusammenschluss zweier unterschiedlicher Volkswirtschaften auf deutschem Boden wurde recht schnell offenkundig, in welchem Zustand sich die ehemalige DDR wirklich befand. Auch wenn der „Sozialistische Arbeiter- und Bauernstaat" seinen Bürgern vorgaukelte, es gebe für jeden Arbeitsfähigen einen Platz im Produktions- und Arbeitsprozess, so waren diese gemessen an ihrem volkswirtschaftlichen Nutzen wie an der wirklichen Produktivität geradezu wirtschaftlich wertlos. Bei näherer Betrachtung der Infrastruktur in den Neuen Bundesländern offenbarte sich ein Investitionsbedarf, welcher auch heute noch lange nicht gedeckt ist. Nach einer Privatisierungswelle, die die ehemaligen Volkseigenen Betriebe (VEB) in private Hände überführt hatte, musste man sich an die Aufgabe machen, diese einer Produktivität zuzuführen, um möglichst rasch eine Wettbewerbsfähigkeit gegenüber Unternehmen im Westen des Landes herstellen zu können.

Unter Zuhilfenahme massiver finanzieller Mittel gelang es zwar, an einigen Standorten und in manchen Firmen schnell in den internationalen Wettbewerb eintreten zu können, aber auch das Beispiel der Firma Jenoptik, mit dem früheren baden-württembergischen Ministerpräsidenten Lothar Späth an der Spitze, konnte nur gelingen, nachdem man sich von einer hohen Mitarbeiteranzahl trennte. Auch wenn es Späth gelang, einen international agierenden und florierenden Konzern zu erschaffen, so rückten doch vielerorts „Innovations- und Investitionsjunkies" in die Neuen Bundesländer ein, die sich mit Fördergeldern ausstatten ließen, ohne jedoch nachhaltigen wirtschaftlichen Erfolg erzielen zu können. Abertausende Menschen verloren, trotz größter finanzieller Kraftanstrengungen der öffentlichen Haushalte ihre Arbeit und sehr schnell machte sich das Wort vom „Wessi" breit, der den „Ossi" allenfalls ausbeuten, ihm aber nicht auf die Beine helfen wollte.

Die Neuen Bundesländer wurden in den Augen der Menschen, aber und besonders in den Augen einer Vielzahl mit Geld um sich werfender fadenscheiniger „Geldvermehrer“, mehr und mehr zu einem Spekulationsobjekt. Derjenige, der die „Story“ seiner angestrebten Unternehmensgründung am besten verkaufte und dabei auch noch Bereitschaft signalisierte, möglichst viele Arbeitsplätze zu schaffen, erhielt den Zuschlag und kam damit in den Genuss von finanziellen Fördermaßnahmen, welche in der Breite schneller verpufften als wirklichen Nutzen für die Menschen und den Arbeitsmarkt zu bringen. Dieses Vorgehen wiederholte sich tausendfach, wobei die Größe des Investors nicht die geringste Rolle spielte. Im Ergebnis war recht schnell abzusehen, dass sich die Zahl der Arbeitslosen und anderen Leistungsempfängern dramatisch erhöhte und zu einer großen Belastung für das politische Handeln in Deutschland wurde. Denn neben der anwachsenden Zahl von Leistungsempfängern schwanden auch die finanziellen Mittel, die der Stadt für immer neue Projekte in den „Neuen Bundesländern“ zur Verfügung stellen konnten.

In einem weiteren Wandlungsprozess sahen sich gerade international agierende Unternehmen neuen Wettbewerbssituationen ausgesetzt. Das Schlagwort der Globalisierung machte die Runde und mit der Verbreitung des Internets war es in der Folge möglich, von einem beliebigen Ort der Welt Kontakte überallhin zu knüpfen. Waren in der Vergangenheit noch lokale Anbieter von potentiellen Auftraggebern bevorzugt bei der Auftragsvergabe behandelt worden, so schlichen sich immer häufiger ausländische Anbieter auf den Markt, die zu einer ernsthaften Konkurrenz für die hiesige Wirtschaft wurden. Die Unternehmen gerieten unter einen immer höher werdenden Kostendruck, was wiederum zu einer Rationalisierungswelle in vielen Branchen führte, der unzählige Arbeitsplätze zum Opfer fielen. Unternehmensschließungen und die Verwahrlosung ganzer Regionen waren die Folge. Die stummen Zeitzeugen dieser Entwicklung sind unter anderem dort zu bewundern, wo vor einigen Jahren beispielsweise noch in riesigen Werften Schiffe gebaut wurden. In einem weiteren Schritt verbreitete sich der allgemeine Glaube an die Chance auf schnellen Reichtum. Es schossen unzählige Unternehmen aus dem Boden, die vorrangig in der Informationstechnologie beheimatet waren, die ihre Dienstleistungen und Produkte nicht nur international anboten, sondern beinahe gleichzeitig dem Analystenrufen verfielen und ihre jungen Firmen an den Börsen dieser Welt notierten. Wie sich in einem späteren Bereinigungsprozess zeigen sollte, verfügten nur die wenigsten dieser Unternehmen über eine ausreichende Solidität und finanzielle Stabilität, um den Unternehmenswert und damit die Gelder der Anleger über einen langen Zeitraum zu mehren. Die meisten der schnell gewachsenen Firmen brachen aus verschiedenen Gründen in sich zusammen. Zumeist fehlte diesen Unternehmen schlicht der Inhalt. Man brachte Unternehmen mit einer cleveren Idee, welche in der Umsetzung scheiterte oder aber nie umgesetzt werden konnte, an die Börse und verscherbelte in Milliardenumfängen das in die visionär auftretenden Vorstände investierte Vertrauen und Kapital. Die Anzahl und Namen dieser Unternehmen sind aus den Köpfen der Menschen längst verschwunden. Das prominenteste Beispiel dürfte die Firma Cargolifter sein, die sich zur Aufgabe machte, schwere Lasten mit riesigen Luftschiffen in alle Welt zu verbringen. Neben irgendwelchen vergammelnden Hallen findet man in Brandenburg heute nichts mehr von diesem traurigen Beispiel deutscher Unternehmenskultur. Die Cargolifter AG ging im Mai 2000 an die Börse und musste am 7. Juni 2002 Insolvenz anmelden. Das Insolvenzverfahren über das Vermögen der Cargolifter AG wurde im August 2002 eröffnet. Die Reißbretter der beschäftigen Ingenieure verließen die Luftschiffe eben genauso wenig wie jemals den Boden, auf dem sie eigentlich nach Wunsch vieler Investoren wie dem Bundesland Brandenburg entstehen sollten. Schade um die Investitionen und Arbeitsplätze.

Die Botschaft, die von diesen Entwicklungen ausging wurde auf Dauer immer deutlicher, denn auch wenn es in Deutschland eine Vielzahl an innovativen Ideen gab und diese sicher auch eine realistische Chance auf marktreife Umsetzung gehabt hätten, so scheiterten die allermeisten an der kurzfristigen Gier nach Kapital, mit dem man sich schnell aus seinem manchmal erst soeben an die Börse gebrachten Unternehmen „verabschiedete“. Aus vielen Bereichen könnte man leicht weitere Beispiele bemühen, bei denen Anleger auf den spitzfindigsten Wegen um ihren „Einsatz“ gebracht worden sind. Und wenn die Investition zu oft einer Beteiligung an einem Roulettespiel mit unsicherem Ausgang gleicht, dann werden sich ausländische und inländische Geldanleger, ob nun private oder institutionelle, genau überlegen, in welche Hände sie ihr Vertrauen legen.

Kurzfristig feierten sich die Börsenanalysten, -händler und Unternehmen auf den Parketten. Doch letztlich war es ihrer Leichtgläubigkeit und oft auch der kriminellen Energie einzelner zu verdanken, dass sich vieles in Luft auflöste oder in einem großen Knall verdampfte. Die Auswirkungen für den Arbeitsmarkt waren unübersehbar und die damalige Bundesanstalt für Arbeit, die heutige Bundesagentur, besaß die traurige Aufgabe, der Öffentlichkeit die monatlichen Zahlen bekannt zu geben. Es ist nicht der politische und gesellschaftliche Standort der das Land in das Gerede brachte. Auch und vor allem die Rechtssicherheit in unserem Land ist nach wie vor ein großer Vorteil für alle, die sich hier unternehmerisch niederlassen wollen, aber der Umgang mit dem Anlegervertrauen und die plötzliche Erosion ganzer Marktsegmente haben einen entscheidenden Einfluss auf das abnehmende Investitionsverhalten in Deutschland genommen, an dem insbesondere strukturell schwache Landstriche in Ost und West nach wie vor zu leiden haben.

Bei der Überlagerung negativer Erfahrungen mit strukturell stabilen Verhältnissen in Deutschland, auch wenn Infrastrukturmaßnahmen immer noch nicht abgeschlossen sind, gab letztlich das wenig investitionsfreudige Verhalten der börsengeprellten Anleger die Richtung vor, in die der Standort Deutschland abzudriften drohte. In diese Entwicklung hätte die Politik, das muss man ihr zugutehalten, nur steuernd eingreifen können, indem sie die rechtlichen Rahmenbedingungen teilweise massiv zugunsten eines staatlichen Dirigismus verändert hätte. Aber die Freiheit des Kapitals durch eine Unfreiheit der flankierenden Bedingungen einfangen zu wollen, wäre ein Rückschritt in Zeiten gewesen, die glücklicherweise spätestens seit der Wende hinter uns liegen. Die Steuerpolitik der Bundesregierung unter Gerhard Schröder war sicher alles andere als unternehmerfeindlich, denn die Steuern wurden nach und nach auf ein vorher noch nie erreichtes Niveau abgesenkt. Doch auch dieses politische Signal war nicht ausreichend für eine nachhaltige Ankurbelung von neuen Investitionen, die den Arbeitsmarkt entlastet hätten. Hier spielte man aus Arbeitgeberkreisen den Ball an der logischen Stelle wieder zurück als man anmerkte, nur eine konsequente Entbürokratisierung und eine Deregulierung des Arbeitsmarktes hätten neben den Steuerentlastungen zu weiteren Investitionen geführt.

Diese Gemengelage verdeutlicht die Komplexität der Wechselwirkungen zwischen Politik und Unternehmen. Eingebettet in einem permanenten Spannungsfeld, welches aus der Deutschen Einheit resultierte, war es eine ebenso vorhersehbare Folge, dass der Prozess des Zusammenwachsens Deutschlands auf der Zeitachse wesentlich zeitintensiver sein würde als man sich das 1990 und in den ersten Jahren nach der Einheit vorstellte.

Die Deutsche Einheit war zudem der Vorbote des weiteren Zusammenwachsens Europas. Nach dem Ende des Warschauer Paktes richteten sich die Augen vieler ehemaliger Mitgliedsstaaten dieses politischen und militärischen Bündnisses unter sowjetischer Führung nach Westen. Die Osterweiterung der Europäischen Union gehörte zum Selbstverständnis eines geeinten Europas und verschob finanzielle Investitionen über die Ostgrenze Deutschlands hinaus. War Deutschland vorher das geographische Zentrum Europas und die letzte territoriale Bastion vor einer Bedrohung des Kommunismus gewesen, so findet sich unser Land heute in einer Schnittstellenfunktion zwischen den „alten“ Verbündeten und den neuen Mitgliedsstaaten der Union. Investitionen, die noch in den frühen Neunziger Jahren so manches Unternehmen in den Neuen Bundesländern verankerten, wanderten zunehmend über die deutschen Grenzen in Richtung Osten. Einerseits war es ein immens zu erwartendes Wirtschaftswachstum in den jungen Demokratien Osteuropas und auf der anderen Seite verfügen viele der neuen Mitgliedsstaaten über eine hohe politische Flexibilität, die es Investoren und Unternehmen ermöglichte bei vergleichsweise geringsten bürokratischen Hindernissen das eigene Kapital schnell zu potenzieren. Deutschland wird auf diese Entwicklung reagieren müssen, sonst droht eine weitere Verschiebung insbesondere von Produktionsstandorten nach Osten. Allerdings, und das gebe ich hier besonders zu bedenken, dürfen diese Standorte nicht mit Steuergeldern von Menschen finanziert werden, die letztlich mit ihren Steuern und Abgaben den eigenen Arbeitsplatz an einen anderen Standort „verkaufen“. Dies ist kurzfristig nicht nur marktschädlich für Deutschland, es birgt auch weitere Risiken in sich.

Man bedenke einmal den schnell erreichbaren Sättigungsgrad an Arbeitskräften und Standorten bei unseren Nachbarn in Osten. Wenn hier einmal ein Punkt erreicht wird, dass die Nachfrage nach qualifizierten Arbeitskräften nicht mehr gedeckt werden kann, dann muss man sich folglich wieder auf solche Orte konzentrieren, die diesen Bedarf decken können. Bei einem gleichbleibend hohen Ausbildungsniveau in Deutschland dürfte eine Rückkehr zur Nachfrage nach deutschen Standorten und Arbeitskräften nur eine Frage der Zeit sein. Um dies jedoch nicht zu lange in die Zukunft zu verschieben, was auch zu wenig sinnvollen finanziellen Investitionen in Osteuropa führte und damit wiederum Kapital unnötig aufs Spiel setzte, müsste nun eine konsequente Infrastrukturpolitik im Osten und Westen Deutschlands eingeschlagen werden, die neue Chancen für den Arbeitsmarkt in Deutschland eröffnet. Man denke auch an das hohe Ansehen und die hohe Qualität deutscher Ausbildung auf allen Ebenen im Ausland. Hinzu kommt auch noch ein wesentliches psychologisches Moment. In Deutschland geleistete Arbeit wird immer noch, auch wenn man auf den ersten Blick darüber lachen mag, im internationalen Zusammenhang als werthaltig angesehen. Die Vokabel der „Deutschen Wertarbeit" war über Jahrzehnte in aller Munde. Wenn wir in Deutschland selber nicht mehr an den Wert unserer Arbeit und unsere damit verbundenen Fähigkeiten glauben, einen großen Anteil einer Wertschöpfungskette inne zu haben, dann stellen wir nicht nur die Arbeit an sich, sondern auch unser Land nachhaltig in Frage.

Zu einem gesunden Menschenverstand zählt einfach auch, dass sich Menschen selbstbewusst vorstellen und die Vorteile ihrer Kapazitäten in aller Offenheit darstellen. Wenn man sich in sein Schneckenhaus verzieht und hofft, ohne eigenes Dazutun werde sich schon alles zum Guten wenden, dann wird dies auf Dauer auch nicht weiterhelfen. Was Deutschland am allerwenigsten gebrauchen kann ist eine Standortdebatte. Wenn wir bereits damit beginnen, unseren Standort, den wir nun einmal nicht ändern können, vor den Augen der Welt in Frage zu stellen, wie sollen die Betrachter dann den Glauben behalten oder neuen Glauben finden, in unserem Land zu investieren. In Krisensituationen wird es nicht damit getan sein, auf ein Ende der Talsohle zu hoffen, sondern man sollte die Krise aktiv zu bewältigen suchen. Es macht aus diesem Grund keinen Sinn, wenn Politik und Wirtschaft angesichts einer etwaigen Krise durch drastische Sparmaßnahmen diese auch noch verschlimmern. Dies wäre ökonomisch völlig unsinnig und verschafft der nicht schlafenden Konkurrenz einen entscheidenden Wettbewerbsvorteil bei der Erschließung neuer Möglichkeiten und neuer

Absatzmärkte. Man kann Menschen nur dann in Lohn und Brot bringen, wenn man sie gut ausbildet und ansonsten denen eine Chance gibt, die sich trotz schlechterer Ausbildung dem Arbeitsmarkt zur Verfügung stellen wollen. Je mehr Menschen in sozialversicherungspflichtigen Beschäftigungsverhältnissen sind, desto höher sind die Einnahmen des Staates und gleichfalls wächst die Binnennachfrage. Wenn eine steigende Binnennachfrage allerdings wieder, aus welchen Gründen auch immer, erwürgt wird, dann muss man sich einmal fragen, ob die Entscheider wissen, was sie tun. Das Prinzip Hoffnung kann nur dann funktionieren, wenn man der kleinen Flamme auch ausreichend Sauerstoff lässt, um sich auszuweiten und zu einem Flächenbrand zu werden. Alles andere wäre doch völlig kontraproduktiv. In diesem Zusammenhang muss einmal genau darüber nachgedacht werden, ob beispielsweise eine Erhöhung der Mehrwertsteuer wirklich ökonomisch sinnvoll ist? Auch wenn die Finanzpolitiker ausreichende Notwendigkeiten für die Maßnahme identifiziert zu haben glauben, sollte man hierbei nicht vergessen, dass die Kaufkraft der Menschen weiter abnimmt. Diese kann einfach nicht angehoben und nachhaltig verbessert werden, in dem man Arbeitnehmern und Arbeitgebern durch die Absenkung der Beiträge zur Arbeitslosenversicherung je einen Prozentpunkt des Bruttogehaltes in den Geldbörsen belässt. Alleine die Preissteigerungen, die zu einem deutlichen Anstieg der Lebenshaltungskosten führen werden, fressen diesen Effekt bereits vor seinem wirklichen Eintreten mehr als auf. Vielleicht muss man die Politik auch einmal nach dem eigenen psychologischen Befinden im Blick auf die Reduzierung der Beiträge zur Arbeitslosenversicherung befragen. Kann es unter Umständen sein, dass man einfach aufgrund der Verkürzung von Bezugsdauern von Arbeitslosengeld I und dem anschließenden Fall der Langzeitarbeitslosen in Hartz IV das politische Gewissen mit dieser marginalen Entlastung von Arbeitgebern und Arbeitnehmern bei der Arbeitslosenversicherung beruhigen möchte? Sehr abwegig erscheint dies nicht zu sein.

In den zurückliegenden Jahren wuchs das Unverständnis über politische und unternehmerische Entscheidungen innerhalb der Bevölkerung merklich. Es ist keinem Menschen zu vermitteln, warum Unternehmen angesichts steigender Gewinne nicht nur ungezählte Mitarbeiter entlassen, sondern auch noch gleichzeitig bei der Politik anklopfen, um durch ihre Lobbyistenverbände weitere Steuererleichterungen einzufordern. Doch gerade diese Vorgehensweise ist an vielen Beispielen ablesbar. Zu den aktuellsten zählen die Deutsche Telekom, die Allianz Versicherung wie die Deutsche Bank. Nun wäre es belanglos, wiederum das Jahresgehalt des Josef Ackermann zu thematisieren, denn das ist an anderen Stellen schon zu oft geschehen. Dies würde auch nur eine weitere Neiddebatte in Gang setzen, die sich einfach nicht geziemt. Und überhaupt, wenn der Aufsichtsrat der Deutschen Bank ein derart hohes Gehalt an seinen Vorstandschef ausschüttet, warum sollte dieser das Angebot dann ernsthaft ablehnen? Das hat alles etwas vom Fisch, dessen Geruch eher vom Kopf ausgeht.

Man darf aber auch einmal ein positives Beispiel nennen. Der Mitbegründer des Walldorfer Softwareriesen SAP, eines der wenigen Vorzeigeunternehmen Deutschlands, Hasso Plattner, bekannte sich vor einiger Zeit in einem Interview nicht nur zum Standort Deutschland. Er sagte sinngemäß, er verstehe einfach nicht, wie sich reiche Unternehmer in mehr oder weniger öffentlichen Unterhaltungen damit brüsteten, in Deutschland Nutznießer einer hohen staatlichen und rechtlichen Stabilität zu sein, während sie ihre Gewinne und ihr Kapital ins Ausland verlagerten. Wenn man, so Plattner, diese Vorzüge in Deutschland nutze und auch in Zukunft nutzen wolle, dann muss man auch seinen eigenen Beitrag leisten, dass die Rahmenbedingungen in Zukunft weiteren Bestand haben werden. Der Softwarekonzern stellt betriebswirtschaftliche Standardlösungen her und darf getrost zu den Weltmarktführern gezählt werden. SAP beschäftigt an unterschiedlichen Standorten Tausende Mitarbeiter in Deutschland, Tendenz steigend. So falsch kann unternehmerisches Vertrauen in ein Land gar nicht sein, man kann sich im badischen Walldorf einmal selbst von den Baumaßnahmen bei SAP überzeugen. Der Konzern wird sicher nicht weitere Parkhäuser, Gebäude und Infrastrukturmaßnahmen errichten, um in absehbarer Zeit seinen Standort zu verlegen. SAP ist und bleibt ein Vorzeigebeispiel für unser Land. Aber auch der Mittelstand hat da eine Menge zu bieten.

In einem ähnlichen Umfeld ist das Unternehmen proALPHA aus Kaiserslautern unterwegs. Die Gründer betreiben nach über fünfzehn Jahren immer noch ihre innovative Softwareschmiede und wurden in den Zeiten der allgegenwärtigen Börsengänge ebenfalls animiert, auch ihre Firma auf dem

Parkett notieren zu lassen. Man glaubt es kaum, aber nur wenige Tage, bevor die Aktien ausgegeben werden sollten ruderte man zurück, da man die Gefahren für das eigene Unternehmen völlig richtig einschätzte. Heute unterhält die Firma Niederlassungen in Deutschland und vielen anderen Ländern, es beschäftigt über dreihundert Mitarbeiter und ist im Wachstum begriffen, was im Wesentlichen aus dem eigenen Gewinn finanziert wird.

Im Bereich Nutzung von Sonnenenergie ist die Bonner Firma Solarworld AG zu Hause. Neben dem eigentlichen Unternehmenssitz produziert die Firma ihre Solarzellen im sächsischen Freiberg. Auch sie steht für ein konsequentes Unternehmenswachstum am Standort Deutschland. Der Süßwarenhersteller HARIBO ist nicht einmal eine Aktiengesellschaft. Und dennoch isst die ganze Welt die bekannten Gummibärchen aus Bonn. Ich spreche hier nicht über Einzelfälle, man muss nur einmal die Augen öffnen und findet noch mehrere Beispiele, die ähnlich gelagert sind. Man lausche nur einmal dem Chef des Bekleidungsherstellers TRIGEMA Wolfgang Grupp, auch er weiss positive Beiträge zu diesen Themen zu leisten und wirbt dafür, seine Arbeitsplätze in Deutschland zu behalten. Das kleine Burladingen in Baden-Württemberg ist sicherlich kein Standortnachteil. Vielmehr ist es ein Wettbewerbsvorteil, wenn sich Unternehmer nicht nur mit ihrer eigenen Firma identifizieren, sondern auch mit ihrer Herkunft. Firmenchefs, die selber in der Verantwortung stehen entscheiden einfach nachhaltiger und bewusster über den Werdegang des eigenen Hauses als solche, die sich höchster Gehälter erfreuen, allerdings eher emotionslos als Technokraten Entscheidungen über Standorte und Mitarbeiter treffen.

Unternehmen in Deutschland sind produktiv und innovativ. Unser Land ist Exportweltmeister und die Unternehmen sind in der Lage, bei kluger Ausrichtung und Führung, die Positionen auch in Zukunft zu behalten. Es ist vielmehr ein Zeichen von Zukunftsangst und Schwäche, wenn den eigenen Gewinnen Arbeitsplätze zum Opfer fallen müssen. Dann läuft irgendetwas falsch, da offensichtlich in Kreisen von Unternehmensspitzen an der Nachhaltigkeit des eigenen Schaffens gezweifelt wird. Marktpositionen erarbeitet man sich und man verliert diese durch falsche Unternehmensentscheidungen. Die richtige Konsequenz falscher Entscheidungen wäre aber zunächst einmal, die Verantwortlichen zur Rechenschaft zu ziehen und nicht die machtlosen Arbeitnehmer, die sich in ihrer Existenz bedroht sehen. Leider ist ein Sinneswandel auf diesem Gebiet momentan und auch in Zukunft nicht absehbar.

Aktionärsgewinne und Ansehen eines Unternehmens sind die beiden verschiedenen Seiten ein und derselben Medaille. Wenn die Politik eines erfolgreichen Unternehmens ausschließlich den Aktionären verpflichtet ist, dann verliert es den sozialen Aspekt und seine soziale Verantwortung völlig aus dem Blick. Alle Mitarbeiter, die nun einmal maßgeblich für den Erfolg verantwortlich sind müssen sich doch still und heimlich darüber im Klaren sein, dass sie sich selber um ihren Arbeitsplatz bringen, wenn sie ihre Ziele und die des Unternehmens nicht nur mir aller Energie und Hartnäckigkeit verfolgen, sondern diese letztlich auch noch erreichen. Am Ende des Tages würde der eventuell gewährten Tantiemenzahlung eine betriebsbedingte Kündigung oder das Angebot einer Vertragsaufhebung folgen, denn das Unternehmen entwickelt sich schon einmal, selbstverständlich ohne motivierte Mitarbeiter weiter. Das ist zwar völlig widersinnig, aber in vielen Fällen genau so eingetroffen. Diese Vorgehensweise entwickelte sich schlimmstenfalls zu einem Teufelskreis, dem auch das Vermögen des Unternehmens und letztlich die Aktionäre zum Opfer fallen würden. Schaut man auf das Mutterland des Börsenhandels, die Vereinigten Staaten von Amerika, dann findet man genügend Unternehmen, die auf diesem Weg in die Krise und den Konkurs gewandert sind. Willkommen in Absurdistan, kann man da nur sagen!

Ein Unternehmenswert lässt sich eben nicht nur anhand seiner Geschäftszahlen ablesen. Sie sind ein wichtiger Indikator, aber bei der Betrachtung dieser Zahlen lassen insbesondere Analysten stets außer Acht, wie hoch das Kapital des unternehmerischen Wissens ist. Wie hoch ist der Innovationsgedanke in einem Unternehmen, und welchen Anteil haben gerade die Mitarbeiter an dieser „versteckten" Kennziffer? Und dies gilt nicht nur für die USA oder etwa Deutschland. In einem internationaler werdenden Umfeld ist doch eines der Gebote der Stunde, die besten Möglichkeiten aller Standorte zusammenzuführen, um die besten Ergebnisse zu erzielen. Mit diesem Gedanken wäre es doch geradezu abwegig, wollte man Deutschland als Wirtschafts-, Wissenschafts- und Innovationsstandort schlechtreden.

Als eine der größten Volkswirtschaften der Welt überhaupt und als die größte Volkswirtschaft der Europäischen Union darf in unserem Land kein Krisengerede aufkommen. Bei über 80 Millionen Menschen lassen sich stets neue Möglichkeiten und Märkte eröffnen. Solange die Produktnachfrage in unserem Land nicht erlahmt, werden die Produzenten aufgefordert sein, diese Nachfrage zu decken. Und auch wenn Produktionskosten in anderen Ländern wesentlich geringer sind als in Deutschland, dann müssen eben die Produkte aus deutschen Unternehmen um mindestens diesen Faktor der teureren Produktion besser sein. Dann werden sich deutsche Waren auch weiterhin im Binnenmarkt und auf den Weltmärkten durchsetzen. Allerdings gilt es eine weitere Betrachtung anzustellen, mit der wir bei diesen Überlegungen einen Schritt weiterkommen können.

Wie erst kürzlich bekannt wurde, benötigen die Mitarbeiter bei Volkswagen annähernd 50 Arbeitsstunden, um ein Fahrzeug der Reihe Golf zu bauen. Im Tochterunternehmen des Konzerns, der Firma Audi, bauen die Angestellten das „Serienpendant" zum Golf, den A3, in 30 Arbeitsstunden. Ein weiterer Unterschied besteht in der Wochenarbeitszeit, die bei Volkswagen lediglich 28 Stunden beträgt, während die Audi-Mitarbeiter 40 Stunden in den Werkshallen arbeiten. Es ist natürlich ein Verdienst der Gewerkschaften gewesen, die wöchentliche Arbeitszeit in Deutschland im Schnitt unter die 40 Stunden Marke zu drücken. Aber zu welchem Preis ist dies geschehen?

Eines der zentralen Ansinnen der Gewerkschaften im Zuge der Reduzierung von Wochenarbeitszeiten war, durch die „freiwerdenden" Arbeitsstunden Möglichkeiten zu schaffen, dass Unternehmen weitere Mitarbeiter einstellten. Wären die Unternehmensmanager auf diesen Kuhhandel eingegangen, dann hätte unser Land noch eine viel schlimmere Pleitewelle erlebt als in den zurückliegenden Jahren. Die Vorgehensweise der Gewerkschaften war umso bedenklicher, da man die Reduzierung auf 35 Stunden bei vollem Lohnsausgleich einforderte und schließlich auch erreichte. Dass die Arbeitnehmervertreter ihren Mitgliedern damit einen Bärendienst erwiesen hatten, ist in der Vergangenheit klar geworden. Zusätzlich sollte durch mehr Freizeit auch mehr konsumiert werden können, was schließlich wiederum als Umsatz zu den Unternehmen zurückflösse. Der blanke Irrsinn. In Wahrheit wurden die Arbeitskosten in die Höhe getrieben, während gleichzeitig durch die geringere Arbeitszeit zusätzliche Kosten für Unternehmen entstanden, denn ihre Anlagen lagen pro Woche einige Stunden länger brach als sonst. Man frage einfach mal nach, wie teuer eine „Unterauslastung" von Maschinen und Material ist. Dieser gestiegene Sachkostendruck wurde in der Folge durch das Ventil „Abbau der Personalkosten" reduziert, was eine völlig logische Reaktion von zahlreichen Unternehmen auf das jeweilige Gewerkschaftshandeln gewesen ist. Man hätte die eigenen Mitglieder nicht mit Plattitüden verblenden dürfen, sondern ihnen vorher die möglichen Konsequenzen deutlich vor Augen führen sollen, dann wäre uns eine Menge erspart geblieben. Denn, wie wir heute immer wieder sehen, gehen die Menschen auch gerne wieder 40 Stunden und mehr arbeiten, da sie erkannt haben, was die Stunde geschlagen hat. Sonderlich geistreich ist die Rechnung nicht gewesen, zumal die Produktivität von Unternehmen und Menschen proportional abnehmen musste und auch abnahm. Vielfach blieb deutschen Unternehmen nichts anderes übrig, als auch in anderen Ländern einmal nachzuhören, ob dort eine Niederlassung nicht willkommen sei. Viele unserer Nachbarländer, insbesondere in Osteuropa standen Gewehr bei Fuß und trugen dafür Sorge, dass sich die Arbeitszeiten auf einem stabilen Niveau bewegten, um die unternehmerischen Investitionen schnell gewinnbringend kalkulierbar zu machen. Aus Sicht von Unternehmern ein völlig verständliches Vorgehen, während die Gewerkschaften erkennen mussten, welche Folgen aus ihren Forderungen mittel- und langfristig entstanden waren.

Als man sich auf die Verringerung der Arbeitszeit einigte, was die Unternehmen nur mit viel Sand im Mund mitgingen, schlug wenig später die Stunde der Frühverrentung. In einer beispiellosen Werbekampagne der Bundesregierung unter Helmut Kohl und seinem Arbeitsminister Norbert Blüm, dessen Plakatierungsaktionen legendär wurden, vermittelte man den Menschen nicht nur, die Rente sei sicher, sondern machte ihnen auch klar, dass die Rente wiederum so sicher sei, dass man früher aus dem Arbeitsprozess ausscheiden könne. Man erhoffte sich dadurch Neueinstellungen junger Menschen in Unternehmen, während die älteren Arbeitnehmer einen längeren Ruhestand genießen sollten. Die Ergebnisse sind massive finanzielle Schwierigkeiten des Umlageverfahrens in der Rentenversicherung gewesen, Unternehmen stellten kaum jüngere Kräfte ein und zu allem Überfluss schickte man ein Wissenspotenzial in den Ruhestand, welches in der Geschwindigkeit seines Abbaus überhaupt nicht wieder neu aufgebaut werden konnte. Warum, so darf man einmal nachfragen, sägte man den Ast ab, auf dem alle sitzen? Mit wirklichem Weitblick hatte das alles nichts zu tun. Ein zusätzlich belastender Faktor für die Rentenversicherung war der medizinische Fortschritt. Die Menschen werden statistisch gesehen immer älter, wodurch sich die Bezugsdauer von Leistungen aus der Rentenversicherung noch einmal verlängerte. Auch wenn die gestiegene Lebenserwartung der Menschen, nicht nur in unserem Land, ein Segen an sich ist, so ist sie doch eine weitere finanzielle Belastung für die Rentenversicherungsträger und ihre Kassen. Von den Kosten für das Gesundheitswesen, die nicht erst seit heute explodieren, einmal ganz zu schweigen. Außerdem bleibt zu bedenken, dass Menschen in den Fünfzigern, die also noch viele Jahre lang erfolgreich arbeiten können und meist auch wollen, noch lange nicht alt sind. Man schaue sich nur einmal die Altersstruktur in Führungsetagen an und lehne einen Bewerber ab, weil er seinen 50. Geburtstag bereits feiern durfte und sich bester Gesundheit erfreut. Und wenn „ältere" Menschen keine Aussicht auf dem Arbeitsmarkt haben, dann erinnere man sich an die politischen Fehler, durch die ein Stigma auf Menschen in besten Jahren gelegt wurde, aus dem sie sich selber kaum noch befreien können. Die gesetzliche Heraufsetzung des Renteneinstiegsalters ist ohne beschäftigungsfördernde Maßnahmen für „Ältere" nichts anderes als eine drastische Rentenkürzung bei gleichzeitiger Gefahr früherer Verarmung dieses schnell anwachsenden Bevölkerungsanteils.

Zurück zum Beispiel von Volkswagen. Wenn Gewerkschaften und Unternehmen keinen Erfolg bei der Suche nach einem wirtschaftlich tragbaren Interessensausgleich haben, dann werden auch künftig die Fahrzeugmodelle des Einen teurer zusammengeschraubt werden als die des Anderen. Durch die hohen Produktionskosten bei Volkswagen wird man sich also immer schneller davon verabschieden müssen, ein erschwingliches Auto des Wolfsburger Automobilbauers kaufen zu können, es sei denn die Fahrzeuge werden an anderen Standorten produziert, was wiederum natürlich auch zu einem Abbau von Arbeitsplätzen führen wird. Bei der Betrachtung dieses Beispiels wird schnell deutlich, dass man neue Wege finden muss, Menschen und bezahlbare Arbeit in Deutschland zusammenzubringen. Vielfach werden bewusst oder aufgrund falscher unternehmerischer wie politischer Entscheidungen beide Faktoren schlicht voneinander getrennt, mit allen negativen Konsequenzen für Unternehmen und Arbeitnehmer in Gegenwart und Zukunft.

In der Summe dieser Betrachtungen ist es doch auffällig, dass das Land insgesamt einer Sanierung auf vielen Ebenen bedarf, allerdings kein hoffnungsloser Fall ist. Es gibt genügend positive Beispiele von Unternehmen, die ihre Wettbewerbsfähigkeit ganz bewusst dadurch behalten, dass sie in Deutschland produzieren und wirtschaften. An anderen Stellen verdichten sich teils hausgemachte, teils nicht verschuldete Problemfelder für Unternehmen und ihre Mitarbeiter zu einer Gefahrenspirale, welche an den Geschäftszahlen der Unternehmen nicht ablesbar ist. Gewinnmaximierung ist ein Unternehmenszweck und –ziel zugleich, sie ist aber nicht alleine das Ziel, da zum wirtschaftlichen Erfolg auch die soziale Verantwortung für die Menschen im eigenen Unternehmen gehört. Es hat natürlich immer etwas mit individuellem Mut und Stärke zu tun, Fehler einzugestehen und diese zu beheben. Dies jedoch ist wiederum wesentlich mutiger als mit dem Finger von sich weg zu weisen und ausschließlich darauf zu hoffen, dass andere schon alles zum Besten wenden werden. Da Unternehmer nicht eben unter den Generalverdacht geraten wollen, Entwicklungen und Neuausrichtungen zu verschlafen, sollten auch sie ihren Beitrag mit der Politik und den Gewerkschaften erbringen, und dazu gehört nun einmal auch, die erzielten Gewinne dort zu investieren, wo sie entstanden sind. Vielfach nämlich in Deutschland! Gewerkschaften und Politik dürfen ebenso wenig aus ihrer Verantwortung entlassen werden. Sie sollten künftig vielleicht weniger auf eigene Ideologien und Programme bauen, sondern die eigenen Vorhaben mit wirtschaftlichen Notwendigkeiten abgleichen, um Ziele nicht nur zu definieren und teils abwegige Visionen durch die Presse an die Öffentlichkeit zu lancieren, sondern wirklich erreichbare politische und wirtschaftliche Chancen zu beschreiben, welche in der Tat in einem überschaubaren Zeitraum und auf nachvollziehbarem Wege auch erreichbar sind.

6. Die „Neue Rechte“

Nachdem die Anfangseuphorie innerhalb der Bevölkerung sowie der Politik im Zuge und kurz nach der Wiedervereinigung Deutschlands abgeebbt war, traten insbesondere, aber nicht ausschließlich, in den Neuen Bundesländern politische Strömungen aus extremen Randbereichen zutage. Nach dem Ende des „real existierenden Sozialismus“ und einem neu entstandenen ideologischen Vakuum, welches politisch erst einmal sinnvoll und im demokratischen Sinne nachhaltig gefüllt werden musste, versuchten auch rechtsextreme Gruppen ihr Gedankengut in die Neuen Länder zu transportieren, in der Hoffnung personell und politisch gestärkt den eigenen Kampf gegen das verhasste System der parlamentarischen Demokratie westdeutscher und westeuropäischer Prägung zu unterminieren. Gerade in östlichen Landstrichen, die eine hohe Arbeitslosigkeit unter jungen Menschen aufwiesen, waren die Häscher mit ihren braunen Köchern überaus erfolgreich bei ihrer Kampagne der Unterwanderung und Rekrutierung. Es entstand eine „Neue Rechte“, deren Tiraden „Deutschland den Deutschen“ beschwörten und die mit der Reichskriegsflagge, blanken Springerstiefeln und ihren kurzgeschorenen Haaren durch die Straßen zogen, um Ausländer zu „klatschen“, wie dies im Jargon genannt wurde.

Man erinnert sich noch an die Berichterstattungen aus dem Städtchen Hoyerswerda in der sächsischen Oberlausitz, das traurige Berühmtheit während massiver Übergriffe auf Asylantenwohnheime erlangte. Zum „Unwort des Jahres 1991“ wurde das auch dort verwendete „ausländerfrei“ gewählt. Besonders erschreckend war nicht nur die Tatsache, dass Rechtsradikale geradezu unbehelligt ihre Brandbomben und Molotow-Cocktails in Wohnheime werfen konnten, sondern auch die große Zahl Beifall klatschender Menschen, die keinen Finger zur Rettung schwer verletzter und sterbender Menschen rührten. Der Rechtsradikalismus war in den Neuen Bundesländern angekommen. Wie aber kam es zu diesem Phänomen, und warum waren und sind auch heute noch teilweise diejenigen Landstriche betroffen, in denen letztlich zu allem Überfluss auch noch vergleichsweise wenige Ausländische Mitbürger leben?

Nach dem Ende der DDR fehlte und fehlt es vielfach an Perspektiven für junge Menschen. Es sind auf der einen Seite mangelnde berufliche Aussichten, auf der anderen Seite gingen mit dem Verlust von Arbeitsplätzen unzählige familiäre Bande in die Brüche, die zumeist auch junge Menschen orientierungslos zurückließen. Auch fehlen nach wie vor dringend benötigte öffentliche Mittel, um durch eine konsequente und kompetente Jugendarbeit das Abdriften in politisch motivierte und gewaltbereite Gruppierungen zu verhindern. Es entstand ein geradezu perfekter Nährboden, für radikale Ansichten. Die Anführer der Bewegungen gingen zumeist überaus geschickt vor, denn sie schwadronierten nicht nur platte Parolen daher, sondern fingen zunächst zweifelnde Jugendliche mit halbwegs klugen und auf den ersten Blick wenig durchschaubaren und perfiden Phrasen, die beispielsweise einem „Ethnopluralismus“ den Weg bereiten sollten.

Man könnte dies zugespitzt so beschreiben: Wo junge Menschen kaum eine oder schlimmstenfalls gar keine berufliche Perspektive haben und ihnen zu allem Überdruss auch noch Freizeitangebote fehlen, sind sie für die Indoktrinierung der rechten „Hohlheit“ besonders empfänglich. Anders gesagt: überall dort, wo es nichts zu tun gibt, ist die Saat gesät. Sind dies Versäumnisse des Staates oder einfach Zufallsprodukte einer falschen strukturellen Entwicklung einzelner Regionen, deren Auswirkungen wir zu beklagen hatten? Grundsätzlich verstehen die Rechten, den Müßiggang der jungen Menschen in der für sie geeigneten Form zu organisieren. Man bietet Jugendtreffs an, veranstaltet den einen oder anderen Stammtisch mit musikalischer Untermalung oder marschiert ein wenig durch das Gelände, um dort anhand des beliebten „Räuber und Gendarm Spiels“ den Kampf zu erproben. Zunächst ist dies alles verhältnismäßig zwanglos, mit einem Schnupperkurs in einem ganz normalen Sportverein vergleichbar.

Je länger die Jugendlichen an diesen Veranstaltungen jedoch teilnehmen, desto fester werden sie in die streng organisierten Strukturen eingebunden. Ihnen werden die ersten Führungsaufgaben übertragen oder ein erster Auftrag erteilt, um in diesem Wege das „Entwicklungspotential“ des „Volksgenossen“ zu überprüfen und seine Loyalität zur Gruppe und Organisation zu beleuchten und zu bewerten. Man kann sich richtiggehend vorstellen wie hier vorgegangen wird, eine „regelRECHTE“ Laufbahnplanung steckt dahinter, eine Scheinperspektive, deren Dimension den jungen Menschen verborgen bleibt und doch im hohen Maß zur Grunddisziplin und zum Grundverständnis der Rechten und ihren parteipolitischen

Organisationen gehört. Das ist eine völlig durchdachte Vorgehensweise, welche der Heranführung junger und talentierter Sportler an den Leistungssport gleicht. Was zumeist auf der einen Seite dem olympischen Gedanken folgen mag und der körperlichen aber auch charakterlichen Entwicklung von Menschen im durchaus positiven Sinne dient, wird andererseits zur Herausbildung einer neuen politischen „Masse der Hirnlosen", die im weiteren Verlauf zu willfährigen Erfüllungsgehilfen ihrer Hintermänner und damit in vielen Fällen zu Straftätern werden. Es spielt überhaupt keine Rolle in welchen geographischen Breiten diese Dinge vermehrt vorkommen, alleine das blanke „Vorkommen" sollte uns auf allen Ebenen alarmieren, und wir sollten diesen Entwicklungen, diesen Organisationen, diesen Parteien und all ihren Gehilfen mit allen Mitteln der Politik aber auch der ganz eigenen persönlichen Courage entgegentreten.

Ich möchte niemanden gedanklich überfordern, schon gar nicht so manche etablierte politische Partei in Deutschland. Es muss jedoch in eine Struktur- und Bildungspolitik investiert werden, um dieses evidente Problem in den Griff zu bekommen. Weitere Maßnahmen der Ordnungspolitik werden hier nicht weit genug ausreichen, denn wir kennen doch die „kleinen Kinder", die sich insbesondere am liebsten über die aufgestellten Regeln hinweg setzen.

Am rechten Rand des politischen Spektrums verdichteten sich in den vergangenen beiden Jahrzehnten Strömungen, die sich ebenso in politischen Vertretungen einzelner Landesparlamente niederschlagen konnten. Nicht zum ersten und wahrscheinlich auch nicht zum letzten Mal müssen wir dort die politische Präsenz solcher Parteien in unseren Parlamenten ertragen. Was jedoch verhalf diesen Parteien erneut über die formalen politischen Hürden?

Der Druck auf der Straße, die persönliche Ansprache und das Gefühl in einer Gemeinschaft verstanden zu werden, trieb insbesondere junge Menschen (Erstwähler) an die Urnen und verhalf somit den Geistlosen in die Landtage. Dieses Phänomen wird sich in den kommenden Jahren verändern müssen, wollen die Gruppierungen und Parteien am rechten Rand überleben. Ihre pseudopolitische Arbeit ist ein ständiger Überzeugungskampf, denn meist machen die Erstwähler, die ihre Stimme den Rechten einmal gegeben haben, die Augen auf und verstehen, dass Ihnen gerade von rechten „Politikern", welche bei näherer Betrachtung vom plötzlichen Hirntod mangels Masse tagtäglich bedroht sind, keine Antworten auf ihre Fragen gegeben werden. Rechtsradikalismus schafft keine Arbeitsplätze und niemand von ihnen steht auf und vertritt die wirklichen Interessen der eigenen Wähler, denn im Kern der politischen Botschaft dieser Bekloppten geht es um nichts anderes als um Hass. Sie hassen alles und Jeden, wahrscheinlich im stillen Kämmerlein sogar sich selber, aber insbesondere die, die das Glück haben, neben der eigenen Muttersprache in unserem Land auch noch eine weitere Sprache und Kultur zu erlernen.

Geradezu alarmierend muss doch die Landtagswahl in Mecklenburg-Vorpommern in diesem Jahr gewirkt haben, die eine Fraktion der rechtsextremistischen NPD in den Schweriner Landtag brachte. Nicht nur, dass mehr als 7 Prozent der Wähler ihre Stimme diesen Nationalsozialisten gaben fällt hier schwer ins Gewicht. Die NPD kleidete sich in ein fast bürgerliches Gewand und es gelang ihr auf diesem Wege, als quasi bürgerliche Gruppierung Stimmen derjenigen einzufangen, die ihre Unzufriedenheit mit den politischen Verhältnissen in dieser schwierigen Region auf dem Weg der Protestwahl äußerten. Die NPD, deren Führungsköpfe samt und sonders aus dem Westen des Landes herstammen, konnte zudem auf ein Wahlkampfbudget zurückgreifen, welches sich mit den finanziellen Möglichkeiten der großen Parteien messen kann. Annähernd 500.000 EURO ermöglichten der NPD einen Werbefeldzug in diesem Bundesland, dessen Botschaft doch nur lauten kann, man habe nun endgültig Obacht vor den politischen Aussagen der NPD, aber auch vor ihrer auf finanzierter Basis entstandenen Struktur. Wenn man mit Geld eine offensichtliche Strategie des Fremdenhasses in leicht verdauliche Indoktrinationskost für bereitwillig folgende Wähler kleiden kann, dann muss die öffentliche Diskussion und Auseinandersetzung mit diesen NPD-Blödmännern in der Folge zu ihrer schonungslosen Demaskierung führen. Es reicht nicht aus, wenn sich die etablierten demokratischen Kräfte nun gegenseitig den „Schwarzen Peter" zuschieben und die Schuld am politischen Zugewinn der Rechten beim jeweils Anderen suchen. Nur gemeinsam, auf allen Ebenen der Politik, der Gesellschaft aber auch der Verwaltung ist eine Vorgehensweise zu entwickeln, wie man dieser braunen Brut beikommen kann. Dieser Aufgabe darf sich in Deutschland niemand wirklich entziehen, der unser Land vor den Übergriffen dieser geistlosen Verbrecher schützen will. Vielfalt von Meinungen ist nur eine Seite der Medaille, denn die Meinung einer Minderheit darf die Vielfalt der Mehrheit in unserem Land nie und nimmer eingrenzen.

Vielfalt ist Geschenk und Aufgabe zugleich! Wir können sinnvollen Nutzen aus dieser Vielfalt ziehen, müssen jedoch auch die jeweiligen kulturellen, geistigen, historischen und menschlichen Grenzen beachten und diese schützen. Aber an einem solchen Punkt gehen die Überlegungen schon wieder zu weit, als dass sich ein Wortführer der rechten Szene hierzu wirklich äußern könnte. Das verdeutlicht den Habitus und die politische Wirksamkeit dieser Parteigänger immer wieder, denn wir treffen die Rechten nicht auf den Ebenen inhaltlicher Arbeit und konstruktiver Diskussionen. Sie treiben ihren Hass mit Pauken und Trompeten auf die Straße und sammeln all diejenigen ein, deren Leben in Schwierigkeiten geraten ist bzw. noch nicht einmal wirklich begonnen hat. Das alles hatten wir schon einmal!

Zur Zurückgewinnung dieser Wählerstimmen müssen sich die demokratischen politischen Kräfte eine Strategie zurechtlegen, mit der nicht nur juristischer und politischer Druck auf das rechte Spektrum ausgeübt wird, vor allen Dingen müssen die (jungen) Menschen an sich wiedergewonnen werden. Ein Verbot durch das Bundesverfassungsgericht wäre ein erster Schritt in die richtige Richtung, allerdings ist ein Parteienverbot nur ein Anfang, denn die Ideen dieses Spektrums halten auch in den Grundsatzpapieren etablierter Kräfte Einzug. Auf der konservativen Seite darf nicht der Fehler gemacht werden, eine Leitkultur zur Grundlage einer allgemeinen politischen Richtung zu stilisieren. Vielleicht reduziert man kurzfristig auf diesem Weg die Stimmanzahl am rechten Rand, man nimmt dieser Idee jedoch keinen Wind aus den Segeln. Neue politische Urständ werden die Folge dieser falschen Strategie sein. Denn die damit verbundene Grundüberzeugung, dieses Land einer Leitkultur zuzuführen, wird sich verfestigen, mit allen Folgen und unnötigen Konsequenzen für die eigentlich nicht erwünschten geistigen Grundlagen in unserer wehrhaften Demokratie. Glücklicherweise scheint sich die aktuelle CDU-Kommission zur Erarbeitung eines neuen Grundsatzprogramms nun eines besseren zu besinnen. Wie man vernehmen konnte spielt der Gedanke an eine Leitkultur in der Arbeitsgruppe um den derzeitigen Generalsekretär der CDU Ronald

Pofalla keine wirkliche Rolle mehr. Es bleibt zu hoffen, dass dies auch bis zum Abschluss der Arbeiten der Kommission so bleiben wird und sich die konservativen „Hardliner“ in der Union nicht durchsetzen können.

Dies zeigt allerdings immer noch die wirkliche Dimension, die von einer latenten rechten Gefahr in unserem Land ausgehen kann. Wir müssen dieser Gefahr gegenübertreten mit Entschiedenheit, Argumenten, Bildung(!) und Zivilcourage. Nur so schützen wir die wundervolle Vielfalt in Deutschland, die aus Fremden Freunde machte, aus ausländischen Nachbarn unsere Familien und aus unserem gesamten Land einen bunten Blumenstrauß gelebter Gastfreundschaft. Wir müssen uns einmal in die Zeit zum Ende des Dritten Reiches zurückversetzen. Hätte jemand den Leuten, deren Hirnmasse ebenso braun war wie ihre Hemden, gesagt, 20 Jahre später würde man ausländische Arbeiter jubelnd an deutschen Bahnhöfen willkommen heißen, dann hätten noch mehr Zyankalikapseln bei des „Führers“ Getreuen die Runde gemacht.

Deutschland hat sich gewandelt, und Deutschland wird sich weiter wandeln müssen. Wir werden niemandem erzählen können, es sei ein allgemeiner politischer Wille, Menschen in ihre Heimatländer zurück zu schicken. Solange sich die hier lebenden Menschen, unabhängig ihrer Herkunft, den Grundsätzen unserer Verfassung verpflichtet fühlen. Wenn wir alle heute und in Zukunft versuchen, aufeinander zuzugehen, Sprach- und Kommunikationskompetenz allen vermittelt wird, die uns noch nicht verstehen und die Herkunft eines Menschen nicht zu einem Vorurteil führt dann haben wir eine echte Chance, der unausweichlichen demografischen Entwicklung der deutschen Bevölkerung entgegen zu wirken. Nur dann werden unsere nachfolgenden Generationen in der Lage sein, das Land zu bewirtschaften, den Standort Deutschland, nicht nur unter wirtschaftlichen sondern auch bevölkerungspolitischen Gesichtspunkten, zu erhalten und auszubauen. Man bedenke einmal, dass die Deutschen an sich in weniger als fünfzehn Generationen ausgestorben wären, wenn die aktuelle demografische Entwicklung auch in Zukunft so weitergehen würde.

Wir müssen auf gesellschaftlicher und politischer Ebene alles tun, um die Zukunft des Landes und die Zukunft der Deutschen an sich zu sichern. Das ist die Aufgabe aller hier lebenden Menschen. An dieser Herausforderung werden sich die Zukunft und damit auch die Daseinsberechtigung unserer demokratischen politischen Parteien und ihrer Führungspersonen beweisen. Wir müssen der Politik ihren Teil dieser Aufgaben klar übertragen und das Unsrige, ja das Bürgerliche zum Gelingen dieser beitragen, noch verstärkter, noch deutlicher und noch entschiedener als dies in der Vergangenheit der Fall gewesen ist.

Dieser Themenkomplex wird durch eine weitere Dimension angereichert und damit vergrößert, die wir keinesfalls unterschätzen dürfen. Denn noch heute hört man im In- und Ausland unverhohlen von den Untaten, die während der Nationalsozialistischen Diktatur in Deutschland und anderswo verübt worden waren. Wir alle dürfen nicht vergessen, welches Leid den Menschen in Europa und darüber hinaus von unzähligen Verbrechern angetan wurde. In Bezug auf die Gräueltaten der braunen Brut in Deutschland muss nun endlich allerdings auch einmal für die Verwurzelung des folgenden Bewusstseins Sorge getragen werden. Diese Täter waren Deutsche, nicht die Deutschen!

Die Einfachheit dieses Satzes mag jedem klar und verständlich sein, jedoch können Missdeutungen stets zu neuen historischen Zerrbildern werden, durch die letztlich auch völlig Unschuldige zu Tätern abgestempelt werden könnten. Die unsinnigen Streitereien um die Wehrmachtsausstellung vor einigen Jahren mag hier ein kleiner Beleg für völlig fehlgeleitete Deutungen sein. Wir dürfen Menschen, die im Krieg unerträgliches Leid erleben mussten, nicht unter einen Generalverdacht stellen. Nur einzelne und dann meist auch „von oben" organisierte Gruppen richteten an und hinter der Kriegsfront die Verbrechen an, welche im Zuge der Ausstellung dokumentiert worden sind. Nicht weniger darf der Nachwelt ordentlich dokumentiert und überliefert werden, aber auch keinesfalls mehr.

So wenig man die „Neue Rechte" stark reden darf, ist es ebenso falsch, sie einfach zu unterschätzen oder schlicht zu ignorieren. Sie setzen sich immer in Szene, wenn sich eine Bühne bietet, auf der sie ihr Gedankengut auf der ihr eigenen Weise verbreiten können. Noch kurz vor Beginn der Fußball-Weltmeisterschaft marschierten sie auf und erhielten das, was sie sich erhofften, nämlich einige Minuten Fernsehpräsenz. Es gehört zu den zentralen Aufgaben der Medien, über Ereignisse von wirklichem Interesse zu berichten. Allerdings frage ich mich, ob aus einer Versammlung weniger Verblendeter mit kahlen Köpfen stets eine neue Nachricht gemacht werden muss, die wir abends über das Fernsehen präsentiert bekommen. Kritische Auseinandersetzungen mit dem Rechtsradikalismus sind wichtig und richtig, das steht völlig außer Zweifel. Wenn wir dennoch feststellen müssen, dass lediglich Effekthascherei vor einem internationalen Großereignis auf deutschem Boden die Triebfeder für die Versammlung eines traurigen Haufens ist, dann sollte man dies allenfalls mit einer kleinen Randnotiz versehen und eher diejenigen ins Bild nehmen, welche sich den Springerstiefelträgern demonstrativ in den Weg stellen. Es gehört einfach auch zur Weiterentwicklung unseres Landes wenn in Berichterstattungen verdeutlicht wird, dass die Zahl derer, die sich einem Aufmarsch der Rechten entgegenstellen deutlich größer ist als die Anzahl der rechten Aufmarschierer.

Wenn es zum Grundrecht gehört, seine Meinungen und Ansichten frei zu äußern, ohne Gefahr zu laufen, mit dem Gesetz in Konflikt zu kommen, dann sollte man nicht immer diejenigen im Fadenkreuz der Kameras herumtanzen lassen, die sich im Allgemeinen im Scheinwerferlicht lediglich sonnen, sondern solche, die sich ihnen aus nachvollziehbaren Gründen und mit voller Überzeugung entgegenstellen. Mediendemokratie bedeutet eben auch, Mehrheitsansichten in den Fällen zu transportieren, wenn die Gelüste der auftretenden Minderheit und ihre Bilder sensationeller zu sein scheinen. Man darf kein Zerrbild kreieren, wenn eigentlich völlig klar ist, dass die Mehrheit der Menschen in unserem Land gegen das rechte Gedankengut ist, das unser Land vor Jahrzehnten vergiftete. Wir müssen uns diesen Stachel selber ziehen. Unser Land ist in der Lage hierzu, wir müssen dies nur zulassen und entsprechend gegenüber der Öffentlichkeit würdigen und darstellen.

7. Was (junge) Menschen wollen!

Es bedarf einer eingehenderen Betrachtung der Veränderung dessen, was wir heute „Zeitgeist" nennen, damit wir eine Idee davon bekommen können, was insbesondere junge Menschen in der heutigen Zeit wollen. In den Jahrzehnten des Wiederaufbaus nach dem Zweiten Weltkrieg und dem Ende der Nationalsozialistischen Diktatur erschufen die Überlebenden neue soziale und politische Rahmenbedingungen, unter denen nicht nur ein wirtschaftliches Wachstum realisiert werden konnte, sondern dieses auch zum Wohlstand aller beitrug. Im Westen verband man mit einer „Sozialen Marktwirtschaft" den CDU-Politiker und zweiten Bundeskanzler des Landes Ludwig Erhard ebenso wie dessen Aussage in seinem gleichlautenden Buch vom „Wohlstand für alle". Zur politischen und gesellschaftlichen Aufgabe wurde der Aufbau einer florierenden Wirtschaft in Verbindung mit einer stabilen parlamentarischen Demokratie westeuropäischer Prägung, durch die vom deutschen Boden niemals wieder ein Krieg ausgehen sollte.

Diesen Zielen, die mit aller Entschiedenheit und Konsequenz von Konrad Adenauer, dem vormaligen Oberbürgermeister der Stadt Köln, der zum ersten Bundeskanzler der Bundesrepublik Deutschland gewählt worden war, vertreten und durchgesetzt wurden, ordneten sich die Menschen willentlich und weitestgehend zustimmend unter, wodurch der Aufbau an sich und die Stabilisierung der Verhältnisse des Landes auf allen Ebenen zu einem Kernelement des alltäglichen Lebens wurde. Man sprach von deutscher Disziplin, welche nicht mehr im militärischen Zusammenhang gebündelt eingesetzt werden sollte, sondern sich in den Dienst eines westlichen orientierten Landes stellte. In diesem politischen und sozialen Grobzusammenhang, den man auch durchaus an anderen Stellen als diesem Buch tiefgehender beleuchten könnte, wuchsen junge Menschen im Westen Deutschland friedlich auf und wurden bereits sehr früh auf ihre Arbeitsaufgaben vorbereitet. Die Aufbaugeneration war geboren, die auf den Trümmern zerstörter deutscher Städte und deutscher Weltmachtillusionen ein Land erschaffen sollten, welches Vorzeige-und Beispielfunktionen auf vielen Gebieten wie der politischen Stabilität und wirtschaftlicher Prosperität einnehmen sollte.

Das Ende der NS-Diktatur bedeutete für den Osten des Landes zwar auch das Ende des NS-Terrors, doch den Nazischergen folgten kommunistisch indoktrinierte Mittelsmänner Moskaus, die auf Stalins Geheiß das Land zu einem Satellitenstaat der Sowjetunion machten und damit die Diktatur, unter Einsatz anderer nämlich politischer und ideologischer Mittel, in Ostdeutschland schlicht fortführten. Eine genauere Betrachtung dieser Vorgänge und ihrer Vorbereitungen findet man in Wolfgang Leonhards Buch „Die Revolution entlässt ihre Kinder“. Zwar hörte man den Leitspruch der „Schwerter zu Pflugscharen“ und auch die Regierung der DDR im Ostteil Berlins distanzierte sich von Kriegsgelüsten, doch die Menschen im Osten des Landes mussten sich erneut an ein Leben in Unfreiheit gewöhnen. Vielleicht versüßte man diese Unfreiheit mit relativ ruhigen und beschaulichen Lebensverhältnissen und auch wurde den Menschen Arbeit angeboten, aber ihre politische und damit inhaltliche Selbstbestimmung hing über Jahrzehnte in der Folge an den langen Armen der verschiedenen Machthaber im „Kreml“, dem Zentrum sowjetischer Machtausübung in Moskau. Für die Kritiker des Systems blieb lediglich der Fluchtversuch, der nicht selten an der innerdeutschen Grenze mit Todesschüssen endete oder aber der Gang in die innere Isolation, in das innere Exil. Dissidenten wurden nicht selten von der geradezu allmächtigen Staatssicherheit aufgegriffen und verbrachten mitunter viele Jahre ihres Lebens als politische Gefangene in den Kerkern des politischen Systems in Ostdeutschland. Noch als sich das Ende des Warschauer Paktes abzeichnete setzte die Stasi alles daran, den Status Quo zu erhalten und veränderte die eigene Vorgehensweise nachweislich weitestgehend nicht.

Im Ergebnis der zweiten Hälfte des zurückliegenden Jahrhunderts entwickelten sich die beiden deutschen Staaten und mit ihnen die gesamte Bevölkerung Deutschlands in völlig verschiedene Richtungen. Dies zeigte sich naturgemäß auch nach der Wiedervereinigung sofort. Ging für junge Menschen im Westen das Leben scheinbar völlig normal weiter, eröffnete der Fall der innerdeutschen Grenze für Menschen aus dem Osten des Landes völlig neue und bis zu diesem Zeitpunkt allenfalls erahnte und erträumte Möglichkeiten. Doch wie sich zeigte entwickelte sich im Verlauf der Jahre eine völlig neue Situation. Der Grenzöffnung folgte eine Sogwirkung, durch die sich unzählige Menschen in den Westen aufmachten, um dort ihr Glück zu suchen. Folgeerscheinungen für den Arbeits- und Ausbildungsmarkt im Westen waren nur eine Frage der Zeit. Der Osten des Landes wurde, wie in einem der vorhergehenden Abschnitte beschrieben, ein gefundenes Fressen für zahllose „Glücksritter“, die sich mit den Fördergeldern der Politik weitestgehend schadlos hielten, auch wenn ihre „innovativen“ Ansätze und Unternehmensgründungen schnell verpufften. Die Menschen, und insbesondere die jungen Menschen Deutschlands mussten sich zunächst aneinander gewöhnen und einander verstehen lernen, was nicht immer ohne Reibungsverluste stattfand und die gegenseitig abwertenden Bilder vom „Ossi“ und „Wessi“ verstärkte und manifestierte.

Heute, nachdem mehr als eineinhalb Jahrzehnte vergangen sind, sind die Trennlinien zwischen jungen Menschen aus Ost und West zwar immer noch sichtbar, doch sie verblassen zusehends mit fortschreitender Zeit. Das gemeinsame Heranwachsen in einem stabilen Land öffnet Jugendlichen bereits sehr früh Möglichkeiten, die vorher noch nicht erahnbar waren. Durch das Abnehmen der Sach- und Sozialzwänge, nachdem das Land in den vergangenen Jahrzehnten aufgebaut und politisch konsolidiert worden war und mit denen zunächst einmal das blanke Überleben gesichert werden musste, veränderten sich auch Ausbildungs- und Studienzeit von jungen Menschen. Eine völlig neue Freizeitkultur konnte sich etablieren und auch die offener werdenden Grenzen in Europa und darüber hinaus, internationalisierten das Leben an sich. Es war völlig natürlich, dass sich die Menschen in erster Linie für ihr eigenes Leben und ihre eigenen Chancen interessierten. Nach vielen Jahren des Aufbaus und der politischen Abhängigkeit brach mit der Wiedervereinigung eine Welle des Individualismus los, der Familienbande und soziale Verknüpfungen zugunsten einer eigenen Suche nach Freiheit, nach dem Abenteuer und dem Neuen Unbekannten an sich ablöste.

Welche Bedeutung sollte für junge Menschen eine Familie und eine familiäre Vergangenheit und Tradition haben, wenn sie in der Fremde ihre Zukunft suchten? Was waren Freundschaften wert, wenn man den eigenen Lebensmittelpunkt immer wieder veränderte und Brücken hinter sich abbrach? Und welche Bedeutung hatte ein nationales Bewusstsein für junge Menschen, die ihr Heimatland vielfach enttäuscht und desillusioniert zurückgelassen hatten und nun das Glück in die eigene Hand nehmen konnten, auch wenn sie dabei ihrer Heimat den Rücken kehrten?

Auf dem Weg nach Selbstverwirklichung tritt der Blick auf das eigene „Ich“ natürlich in den Mittelpunkt des menschlichen Handelns. Und es ist genauso „natürlich“, dass man auf dem Weg zu seinen eigenen Träumen und Sehnsüchten sehr oft auch diejenigen vernachlässigt, die einem eben auf diesen Weg geholfen haben, aber am Ende des Tages sollten diese nicht vergessen werden, die Ausgang- und Ursprungspunkt waren, denn zu ihnen zieht einen Menschen es eines bestimmten Tages immer wieder zurück.

Doch die Zeit muss erst einmal reifen, wie die Menschen reifen müssen, um dies zu verstehen und nachvollziehen zu können. Daher erstaunt es nicht weiter, dass die Wiedervereinigung zu einer Zäsur geworden war, nach der sich Menschen neu definierten und ihre Wege wählten, auf denen sie nun ihr Glück in die eigenen Hände genommen hatten, was ihnen zuvor über Jahrzehnte verweigert worden war.

Freiheit und Individualismus schließen einander eben nicht aus und auch die Neuerungen auf technischen Gebieten eröffnen auch trotz der vielfach individuellen Vereinsamung von Menschen weitere neue Möglichkeiten, auf dem elektronischen Wege in eine virtuelle Welt einzutauchen, die vor einigen Jahren noch völlig undenkbar gewesen wäre und noch nicht existierte. Das weltumspannende Internet ist zu einem Kontaktforum geworden, das zunehmend das persönliche Gespräch mit Menschen gegen den virtuellen Austausch auf dem Mail - oder Kurznachrichtenwege ablöst. In aller Welt zeigen sich heute Strömungen, welche in diese Richtung gehen. Letztlich werden sich die Menschen, die sich dem Einfluss der elektronischen Medien eines Tages wieder entziehen möchten, erneut an eine direkte Kommunikation mit andern Menschen aus Fleisch und Blut gewöhnen müssen. Und wenn in der Zwischenzeit der Zeitgeist in der realen Welt eine neue Richtung eingeschlagen haben mag, dann ist dies keine zu unterschätzende Aufgabe. Bei allen Vorteilen und Erleichterungen, die das elektronische Medium mit sich gebracht hat, findet das „wirkliche“ Leben nicht in den Kontaktforen und Chaträumen statt, sondern auf den Straßen, in den Orten und Städten, eben überall dort, wo Menschen aufeinander treffen.

Junge Menschen wollen schlicht ihre Suche nach der eigenen Freiheit so gestalten, wie sie es für richtig erachten. Sie wollen ihre eigenen Fehler auf dem Weg zum Erwachsenenalter machen und es darf nicht die Aufgabe ehemals Jugendlicher sein, Sachwalter über die eigenen Nachkommen zu werden. Nur die freie Entfaltung des eigenen Handelns in einer freien Gesellschaft, unter Einhaltung allgemein akzeptierter Regelungen wird dazu führen, dass Menschen – unabhängig von ihrem Alter – ihren Geist auf Reisen schicken. Wissen und Macht ist kein Privileg der Menschen, die sich lediglich in ihre Jugend zurücksehnen, sondern beides entspringt nur aus einer gewollten Verbindung der in der Vergangenheit erlernten Dinge und ihrer individuellen Weiterentwicklung unter Einbeziehung jeweils aktueller Einflüsse. In einem freien Land stehen eben allen die gleichen Chancen offen und es gehört zur Freiheit eines jeden, sich für einen Weg zu entscheiden. Selbstverständlich mit allen Konsequenzen. Laute Musik und Unangepasstheit sind kaum größere Zeichen von Freiheit als die eigenen vier Wände mit einer schönen Hecke davor und einem englischen Rasen dahinter. Sie sind allenfalls ein Abbild eines sich wandelnden Zeitgeistes und eines neuen Selbstverständnisses von insbesondere jungen Menschen.

Dies haben Jugendliche nach der Wende in allen Teilen des Landes verstanden und für sich zu nutzen gewusst. Hier fanden viele eine Ausflucht aus der gutbürgerlichen Welt der warmen und biederen Wohnstuben. Diese Zukunft zu entfalten war das Ziel junger Menschen jedweder familiären, religiösen oder gesellschaftlichen Herkunft. Junge Menschen müssen ein Recht darauf haben, nicht in eine Rolle gezwungen zu werden, die ihnen nicht passt und niemals passen wird. Die Zeiten sind vorbei, in denen der Aufbau das Leben bestimmte, heute wird das Leben ausgebaut. Und ich verstehe immer noch nicht, wenn man naserümpfend über jungen Menschen spricht, die sich selber verwirklichen wollen. Wenn ein Unternehmer nicht irgendwann einmal neue Wege gehen würde, dann bliebe er stehen, was im wirtschaftlichen Kontext mit einem Rückschritt gleichzusetzen wäre. Das kann man nicht wirklich wollen, und wenn Eltern Zeit ihres Lebens dafür arbeiten, dass es ihren Kindern eines Tages besser gehen sollte als ihnen selber, dann dürfen sie sich nicht beschweren und herablassend darüber urteilen, wenn sie ihr Ziel für und mit ihren Kindern erreicht haben. In sehr vielen Fällen ist eben das Gegenteil der Fall, was zu unnötigen Konflikten innerhalb von Familien und ganzen Generationen in unserem Land führen kann. Die Frage nach dem Neidfaktor gegenüber jungen Menschen muss nicht nur erlaubt sein, sie muss auch einmal offen ausgesprochen werden.

Was besser ist und was eben nicht, entscheiden Menschen doch stets für sich selbst, denn dies ist ein zentraler Bestandteil von Freiheit. Wollte man junge Menschen einsperren und ihnen alle Möglichkeiten der Entfaltung nehmen, dann wird die Leipziger Nikolaikirche eines Tages ihre Pforten wieder für demonstrierende Menschen öffnen müssen, die für eine Weiterentwicklung des gesellschaftlichen Miteinanders und der Akzeptanz für sich verändernde Werte einsetzen. Es bleibt zu hoffen, dass sie es dann auch tut.

Nachdem ein Land, wie der Osten Deutschlands, über eine solch lange Zeit von Diktaturen unterschiedlichster Art beherrscht worden war, darf es doch nicht verwundern wenn die Menschen nun nach Freiheit und Unabhängigkeit streben. Man führe sich einfach einmal vor Augen: Dem Sozialismus ging der Nationalsozialismus voran. Die unsicheren Jahre der Weimarer Republik folgten auf das Kaiserreich, an dessen Ende ein erster schrecklicher Weltkrieg stand, und dem Kaiserreich ging das Königreich Preußen voran. Von allzu viel Freiheit konnte man in den vergangenen 150 also beileibe nicht sprechen. Und wenn dann die Pforten geöffnet werden, dann rennen eben viele davon und suchen den Horizont in der Hoffnung, dort das Glück zu finden. Wenn man sich weniger um das eigene Land kümmert und auch nicht sehr viel mit ihm verbinden kann, dann gerät dieses auch einmal in Vergessenheit, oder man erinnert sich eben ausschließlich an die negativen Kapitel aus einer Geschichte, die längst unwiederbringlich vergangen ist. Und auch in diesem Zusammenhang sollte man die Antrittsrede John F. Kennedys im Januar 1961, kurz nach seiner Vereidigung zum 35. Präsidenten der Vereinigten Staaten von Amerika sehen. In dieser sagte er eben, man solle sich einmal fragen, was man für das eigene Land tun könnte und nicht umgekehrt. Er sprach nicht nur die Individualisierung der Menschen an, sondern verdeutliche mit seiner Sprache und seinem Auftreten einen neuen Politikertypus in einer sich wandelnden Zeit. Das Streben nach Glück ist zum Beispiel ein verbrieftes Recht in der amerikanischen Verfassung (pursuit of happiness), warum sollte es – wenn auch unausgesprochen – bei uns anders sein? (Ich verweise auf den Exkurs über Amerika im folgenden Kapitel.)

Deutschland war für viele Menschen in den vergangenen Jahren das unausgesprochene Symbol für Frustration und Verstaubtheit. Mit der Bewegung in der deutschen Politik konnte man allenfalls eine Zeitlupe mit Standbildcharakter vergleichen. Und wenn dies nicht einsehbar ist, dann möge man sich einmal fragen aus welchem Grund große Parteien mit einer Patriotismusdebatte begonnen haben? Man machte sich schon seit längerer Zeit Gedanken über das Ansehen des Landes innerhalb der eigenen Bevölkerung. Auch wenn die Staatlichkeit und das Territorium an sich nicht in Frage gestellt wurden, identifizierten sich die Menschen und insbesondere Jugendliche nicht einmal ansatzweise mit ihrem Heimatland. Wir sollten uns alle einmal Fragen, wie es dazu kommen konnte? Und wenn wir eine schlüssige Antwort gefunden haben, nicht mit dem Finger auf diejenigen zeigen, die sich mit ihrem Heimatland über eine lange Zeit nicht identifizieren konnten. Dies müsste folglich in einen neuen Strudel unsinniger Diskussionen münden, die wir umgehen könnten, wenn wir einfach begreifen, wie sehr sich Generationen nicht nur in der Vergangenheit sondern insbesondere in der Gegenwart durch die Geschwindigkeit ihrer Weiterentwicklung von einander unterscheiden.

8. Wie amerikanisch ist Amerika?

Es wäre aus meiner Sicht falsch, den amerikanischen Patriotismus über den grünen Klee zu loben. Man muss schon etwas Besonderes darin sehen, die Nationalflagge an allen erdenklichen Gebäuden und zu alle Zeiten zu hissen. Dennoch erfreuen sich die USA einer Zustimmung innerhalb der eigenen Bevölkerung, die ihresgleichen sucht. Schauen wir uns einmal an, wie amerikanisch die USA in Wirklichkeit sind? Vielleicht reflektieren wir dann ein wenig anders auf uns und unser Land.

„In the land of the free and the home of the brave“, diese letzte und überaus bedeutsame Textzeile der amerikanischen Nationalhymne ist Ausdruck für das innere Selbstverständnis der Vereinigten Staaten von Amerika. Über mehr als zwei Jahrhunderte des Selbstbewusstseins und Freiheitsglaubens spiegeln sich in dieser Selbsteinschätzung wider, denn dieser Satz ist mehr als ein Abschluss einer Nationalhymne, er war und ist der Beginn eines überkompensierten Nationalbewusstseins der USA (dem gegenüber empfehle ich die Lektüre des Liedtextes „Born in the USA“ von Bruce Springsteen). Selbst die Verfassung der USA, welche in ihrem „all men are created equal“ ein deutliches Bekenntnis für die Gleichheit aller Menschen ablegte, verdeutlichte der Welt ein Sendungsbewusstsein, das zu Beginn des 20. Jahrhunderts in Präsident Wilsons „to make the world safe for democracy“ kulminierte und seine aktuellsten „Auswüchse“ in der Imperialismuspolitik der Regierung unter Präsident Georg W. Bush findet. In der Verdichtung vergangener und heutiger Motive für eine US-amerikanische Außenpolitik zeigte sich jedoch vor allem in der zweiten Hälfte des zurückliegenden Jahrhunderts ein deutlicher politisch-militärischer Paradigmenwechsel. Das Auftreten der letzten verbliebenen Supermacht auf diesem Planeten, wobei man die Rolle Russlands auch heute in diesem Zusammenhang nicht gering schätzen darf und sollte, wandelte sich vom Isolationismus zu Beginn des 20. Jahrhunderts zum Imperialismus, was nicht erst durch den amerikanischen Politikwissenschaftler Chalmers Johnson verdeutlicht und unlängst wissenschaftlich fundiert dargelegt worden ist. Dieser Imperialismus äußert sich nicht nur durch eine überaus aggressive Außenpolitik, welche zunehmend in amerikanischen „Alleingängen“ ohne Absprache mit den eigenen politischen Verbündeten und Partnern mündet, auch das weltumspannende Netz von Standorten amerikanischer Truppen wird immer dichter und somit für die amerikanischen Bürger immer kostspieliger. Lehnte noch Präsident John F. Kennedy in einer Rede vor der American University in Washington im Sommer 1963 „another Pax Americana, enforcing the world by american weapons of war“ ab, zeigte sich mit dem intensiven Engagement der USA während des (verlorenen) Vietnamkrieges, in welch rasantem Tempo ein Primat der Ausweitung amerikanischer Einflusssphären die Weltpolitik zu beherrschen begann. Wenn Isolationismus das eigene Land und die eigenen Menschen möglichst vor Einflussnahmen von außen beschützen wollte, dann muss man folgerichtig schließen, dass der heutige amerikanische Imperialismus nicht nur über die Welt zu herrschen, sondern diese auch zu beherrschen beabsichtigt.

Ist dieser Imperialismus allerdings im Einklang mit der amerikanischen Verfassung zu sehen, oder bewegt sich das Land weg von seinen ureigensten Grundsätzen und Überzeugungen, welche vor mehr als 200 Jahren die Abenteuerlustigen und Freiheit suchenden aus Europa in die „Neue Welt“ brachten? Es wäre freilich naiv und auch falsch, veränderte sich eine Gesellschaft und veränderte sich Politik an sich im Verlauf mehrerer Dekaden und Jahrhunderte nicht. Allerdings müssen wir eine geänderte politische Lage immer in einem globalen Zusammenhang betrachten und an diesem orientiert eine Neueinordnung politischer und gesellschaftlicher Veränderungen vornehmen. Mit dem Ende des Kalten Krieges veränderte sich gleichzeitig das Drohszenario, welchem sich die USA und ihre westlichen Partner ausgesetzt sahen. Eine atomare Auseinandersetzung zwischen der NATO und der ehemaligen Sowjetunion oder ihrer heutigen Teilstaaten ist allenfalls noch in den Geschichten des britischen Agenten James Bond präsent, in der politischen Realität spielt diese eine allenfalls überschaubare wenn nicht gar völlig zu vernachlässigende Rolle. Das Aus der beinahe lieb gewonnenen (weil innenpolitisch gut und einfach verkaufbaren) ideologischen Feindschaft zwischen den Vereinigten Staaten und der Sowjetunion stellte die USA vor ein evidentes wirtschaftliches Problem. Die gigantische Rüstungsmaschinerie musste um jeden Preis aufrecht erhalten werden, denn eine Reduzierung der Verteidigungsausgaben und die damit auch geringer werdenden staatlichen Aufträge an die zuliefernden Wirtschaftszweige hätten das Bruttoinlandsprodukt der USA nicht nur massiv beschädigt, sondern auch zum Verlust Hunderttausender Arbeitsplätze geführt. Eine Veränderung der gesamten amerikanischen

Volkswirtschaft, mit allen Folgen für die globale Wirtschaft wäre die unweigerliche Folge gewesen. Der Aufbau und die Schaffung neuer Feindbilder (aber auch deren Stabilisierung und damit „Sicherung“ deren dauerhaften Bestands) mussten somit eine zentrale Bedeutung für die amerikanische Regierung und ihre angegliederten Behörden haben, denn die stets wachsenden Verteidigungs- und Rüstungsausgaben, ja die Unterhaltung Hunderter, ja Tausender, amerikanischer Truppenstützpunkte auf dem gesamten Planeten, bedurften immer neuer politischer Rechtfertigungen. Kurzum scheint das organisierende Prinzip der bevölkerungsreichsten Demokratie der Erde, ihrer Wirtschaft und Politik ein dauerhafter Kriegszustand zu sein. Sobald es keinen Krieg mehr gäbe, begänne das Land wahrscheinlich wirtschaftlich zu veröden. Mindestens jedoch scheint die Politik der Vereinigten Staaten gezwungen zu sein, latente politische Schwelbrände entweder selber zu legen oder diese „Brände“ durch eigene politische Einflussnahme stets mit eigener politischer Einflussnahme mit „Sauerstoff“ zu versorgen, um zu gegebener Zeit eine „fall back Lösung“ für den Fall einer Abwesenheit virulenter Bedrohungen parat zu haben, was wiederum neuerliche imperialistische Reaktionen zur Folge hätte.

Der eigene Schutz und die Innere Sicherheit des Landes spielt natürlich eine eminent wichtige Rolle bei der Ausgestaltung einer politischen Gesamtstrategie, dennoch verwundert insbesondere die Eindimensionalität dieser strategischen Vorgehensweisen der amerikanischen Politik, bezogen auf die singuläre Herausbildung immer neuer Drohszenarien, jeden Betrachter und reduziert für den Außenstehenden die amerikanische Außenpolitik auf einen ökonomisch motivierten Imperialismus. Jedoch hätten die Vereinigten Staaten gerade nach dem Ende des Ost-West-Konfliktes Teile der eigenen Wirtschaftskraft von der Rüstungs- in eine Friedenwirtschaft überführen müssen, um gerade den eigenen, nationalen und internationalen humanitären Ansprüchen gerecht werden zu können. Denn humanitäre Hilfe und die Abfederung eines permanent steiler werdenden Gefälles zwischen „arm“ und „reich“ gehört zu den entscheidenden Zukunftsaufgaben internationaler Politik. Gleiches gilt für die meisten der amerikanischen Partner. Auch ihnen ist es nicht gelungen, eine veränderte Weltlage in neue politische und wirtschaftliche Rahmenbedingungen einzubetten. Die Installation von Krieg und Bedrohung an sich, in Verbindung mit einer neuen nebulösen Wortkreation, wie beispielsweise der „Achse des Bösen", warfen einerseits einen dunklen Schatten der Angst auf die USA und viele ihrer Partner und dienten andererseits als letztlich ausreichendes politisches Handlungsmotiv zu der immer bedrohlicher werdenden Ausweitung und Rechtfertigung von Hegemonialansprüchen in und über andere Teile der Erde.

Bei aller Kritik an der aktuellen Politik der amerikanischen Regierung dürfen wir jedoch auch nicht außer Acht lassen, dass sich die USA und ihre Menschen überaus große Verdienste im Kampf gegen Tyrannei, Hass und Vernichtung erworben haben. Und auch wenn in den letzten Jahren ausreichend Gelegenheit gegeben wurde, das Land und vor allen Dingen die Außenpolitik seiner Regierung in Zweifel zu ziehen, darf nicht vergessen werden, dass die amerikanische Gesellschaft eine überaus vielschichtige und (manchmal zumindest) auch sehr tiefgehende ist. Die Politik der Vereinigten Staaten in Deutschland nach dem Ende des Zweiten Weltkrieges zeigte beispielsweise, dass der vorangegangene Feldzug gegen das nationalsozialistische Regime keine Feldzug gegen Deutschland an sich gewesen ist. Nach dem 8. Mai 1945, dem Tag der bedingungslosen Kapitulation des Deutschen Reiches, waren die USA federführend an dem Aufbau einer neuen demokratischen Ordnung im ehemaligen Reich verantwortlich. Aber nicht nur auf dem formalen politischen Feld, auch bei der Hilfe zum wirtschaftlichen Wiederaufbau des Landes durch den Marschall-Plan zeigte sich eine weit blickende Strategie zum Aufbau einer stabilen demokratischen Gesellschaft hierzulande, deren treuer Freundschaft sich die USA stets versichert sein durften. Auch während der Berliner Luftbrücke waren es amerikanische „Rosinenbomber", die die ehemalige Reichshauptstadt trotz der sowjetischen Blockade versorgten und somit eine „Insel der Freiheit" im sozialistischen Niemandsland zu erhalten halfen. Kennedys „Ich bin ein Berliner" und Reagans „Mr. Gorbatschow, tear down this wall" sind in den Erinnerungen Berlins die wahrscheinlich am längsten nachhallenden öffentlichen Auftritte amerikanischer Politiker nach 1945 gewesen und legten Zeugnis von einer tief empfundenen Freund- und Partnerschaft zwischen den USA und Deutschland ab. Freilich gehört es zum politischen Selbstverständnis Deutschlands, die USA als wichtigsten politischen Partner außerhalb Europas anzusehen, und dennoch muss das Verhältnis zwischen beiden Ländern genauer betrachtet werden, denn es unterlag in den zurückliegenden Jahrzehnten einem doch deutlich gewordenen Wandel. Der derzeitige amerikanische Verteidigungsminister Donald Rumsfeld sprach vom alten und neuen Europa als sich vor dem letzten Golfkrieg die Gefolgschaft einzelner europäischer Staaten wie Polen, Spanien neben Großbritannien abzeichnete, während Frankreich und Deutschland nicht mit in diesen Krieg ziehen wollten. Rumsfeld nannte Deutschland gar im gleichen Atemzug mit Kuba, was wie eine Bodenerschütterung für die deutsch-amerikanischen Beziehungen gewirkt haben muss. Somit ist es nicht weiter als logisch, folgerte man aus diesen Äußerungen wie sehr der Ost/West-Konflikt die Rolle Deutschlands im Ansehen der Vereinigten Staaten als letzte westeuropäische Bastion gegen den Kommunismus formte. Nach dem Fall des „Eisernen Vorhangs" und der Osterweiterung der NATO verschoben sich natürlich die Sicherheit versprechenden Grenzen nach Osten, was die Rolle Deutschlands im Ansehen und in der Strategie der Vereinigten Staaten insgesamt neu definiert haben dürfte. Die Strategie einer partnerschaftlichen deutsch/amerikanischen Politik wird nun in den folgenden Jahren und Jahrzehnten eine neue Ebene erreichen müssen, denn aus dem Besiegten des Zweiten Weltkrieges ist einer der wichtigsten Wirtschaftsfaktoren auf dem Globus geworden. Ein politischer Juniorpartner der USA sicherlich, dessen abweichendes Votum – wie im Fall des letzten Golfkrieges – jedoch ebenso wenig ins Gewicht amerikanischer Entscheidungsfindung gefallen ist wie ein etwaig zu erwartendes Votum Kubas unter Fidel Castro. Nichts anderes wollte Donald Rumsfeld in besagter Äußerung dem „Partner" Deutschland und der Weltöffentlichkeit verdeutlichen. Das ist weniger ein völliger Paradigmenwechsel der amerikanischen Außenpolitik als vielmehr das Ergebnis eines schleichenden Prozesses, welcher früher oder später mit der Administration unter US-Präsident Bush Jr. erfolgen musste.

Während des vergangenen Präsidentschaftswahlkampfes in den USA, in dem sich Bush deutlich gegen seinen demokratischen Herausforderer Kerry durchsetzen konnte, waren allerdings auch innerhalb der amerikanischen Gesellschaft laute Töne zu vernehmen, die das Handeln Bushs in aller Offenheit missbilligten. Prominente, Schauspieler, Musiker, aber auch Bürger auf den Strassen der Vereinigten Staaten dokumentierten, trotz eines sicheren Grundsatzverständnisses für das eigene, das US-amerikanische Sicherheitsbedürfnis, eine wachsende Gegenströmung zu dem momentanen politisch-strategischen Vorgehen des republikanischen Präsidenten.

Die Gesellschaft in den USA setzte sich tiefgehend mit der eigenen jüngeren Vergangenheit auseinander und man stellte fest, wie sehr sich die USA von einem demokratischen Verständnis zu den eigenen Partnern, aber auch zu der durch die Vereinten Nationen in New York repräsentierten Staatengemeinschaft immer weiter entfernte. Während die amerikanische Regierung sich sehr gerne in der Rolle einer letzten, auch moralischen, Instanz – geradezu über den Vereinten Nationen – einordnen möchte, erkennt die amerikanische Gesellschaft offensichtlich nicht nur die große Bürde einer solchen Position, sondern auch die zweifelhafte und zwielichtige Vorgehensweise bei der Entscheidung und Durchsetzung nationaler politischer Ziele oftmals gegen den deutlichen Willen der internationalen Staatengemeinschaft. Einen solchen öffentlichen gesellschaftlichen Diskurs haben wir in den Vereinigten Staaten nicht nur aktuell vorgefunden, auch während des Vietnamkonfliktes formierten sich beispielsweise auch gesellschaftliche Gruppen aus Veteranen und Kriegsgegnern wie Pazifisten mit der gemeinsamen Forderung, den Krieg zu beenden. „Bring the boys back home", skandierten die Menschen in Washington und anderorts. Viele werden sich noch an die emotionalen und sehr aufrüttelnden Szenen erinnern.

Der amerikanischen Bevölkerung vorzuwerfen, sie habe mit ihrer Entscheidung für eine weitere Amtsperiode ihres Präsidenten Georg W. Bush eine falsche Richtungsentscheidung getroffen, wäre eine verkürzte Darstellung der inneren Stimmungslage. Aus einem nationalen Selbstverständnis der Stärke heraus wuchs in den vergangenen Jahrzehnten kein Gesellschaftsbild des Weltpolizisten, sondern dieses Verständnis konnte aufgrund internationaler Entwicklungen geschickt instrumentalisiert werden, wobei sich die Republikaner in den Vereinigten Staaten auf eine bessere Argumentation in der Verbindung zwischen nationalem Traum und politischer Realität stützen konnten als die Demokraten, die nach der Ermordung Kennedys und trotz der Präsidentschaft Johnsons und Carters, bis Bill Clinton, doch zu lange auf einen neuen charismatischen Führer mit innen- wie außenpolitischem Gewicht warten mussten. Erst Clinton gelang es wiederum, Augenhöhe mit dem politischen Gegner zu erzielen, ohne jedoch – einer bedenklichen Parteientradition in den USA folgend – rechtzeitig neue Personen zu positionieren, welche das eher liberale Gedankengut und Erbe weiterführen konnten.

Trotz der Vielschichtigkeit der amerikanischen Gesellschaft und ihrer politischen Führungseliten, konnte sich das Land allerdings auch niemals gegen diejenigen inneren Kräfte zur Wehr setzen, welche die Vereinigten Staaten seit vielen Jahren, ja seit Jahrhunderten, von innen zu zersetzen such(t)en. Denn trotz, oder vielleicht gerade wegen, aller verfassungsmäßig verbrieften Rechte, kämpfen nämlich noch heute Minderheiten in den USA gegen Diskriminierung und Ausgrenzung. Wenn man sich also an dieser Stelle nach dem Amerikanischen in diesem Land fragt, begibt man sich auf die Suche nach den Ursprüngen des Landes. Von diesen ist heute nicht mehr viel übrig geblieben. Denn in Reservaten, in Ghettos und in groß angelegten Vernichtungsaktionen wurden Tausende Menschen indianischer Herkunft (die Ureinwohner, also die wahren Amerikaner) zusammengetrieben, gefoltert und getötet. Und diejenigen, die diesem Völkermord (ein anderes Wort darf man für den Massenmord an und die Massendeportationen von Indianern nicht verwenden) entkommen konnten, haben noch heute mit den Nachteilen zu kämpfen, die Menschen indianischer Herkunft im „weißen Amerika" haben. Es lebe der Weiße Mann. (Lesen Sie einmal den Text des Iron Maiden Klassikers „Run To The Hills" oder „Trail Of Tears" der Band W.A.S.P.) Auch unzählige Menschenrechtler kamen und gingen (oder wurden ins Jenseits befördert) und die Betroffenheit der Menschen, wie zum Beispiel bei der Beerdigung Martin Luther King Jr., war für kurze Zeit alles andere als gespielt. Aber im Grunde waren doch die meisten Weißen in den USA recht ungerührt über sein gewaltsames Ableben und das anderer. Offensichtlich, so könnte man jedenfalls annehmen, war (und vielleicht ist) das Land gegen jede Form der Gleichberechtigung von Menschen, die eine andere Hautfarbe, Herkunft und Gesinnung haben als diejenigen, die ohne besonderen Grund das Recht für sich in Anspruch nehmen, der weißen Mehrheit und damit dem „maßgeblichen" Bevölkerungsanteil anzugehören. Und dieses Ablehnen einer gleichen Berechtigung von Menschen und ihren persönlichen Ansichten, seien diese politischer, gesellschaftlicher, ethnischer oder religiöser Art, zieht sich wie ein roter Faden durch Jahrhunderte amerikanischer Politik und der amerikanischen Gesellschaft insgesamt. Hieraus könnte der Leser nun schließen, dass alle Menschen gleich sind, aber sich von der Anzahl „gleicher" oder „gleich aussehender" Menschen noch lange keine Aussage über die politische und gesellschaftliche Kraft einer Gruppe ableiten lässt. Richtig, denn in einer demokratischen Staatsform fragt man nicht nach Herkunft und Aussehen von Menschen, sondern nach deren grundsätzlichen Standpunkten und persönlichen Überzeugungen. Sobald dies jedoch ernsthaft in Zweifel zu ziehen ist, wird ein Land gefährlich oder zumindest unglaubwürdig. Und dies nicht nur im Ansehen der eigenen Bevölkerung, sondern auch im Lichte der eigenen politischen Partner sowie der gesamten Weltöffentlichkeit.

Wie sich im weiteren Verlauf zeigen wird, nahm die „Gefahr", welche von Amerika ausging in den vergangenen Jahren noch weiter zu, denn offensichtlich scheinen viele Menschen jenseits des „großen Wassers" vergessen zu haben, dass es bei der Macht und ihrer Ausübung nicht alleine auf die eigene Kraft ankommt, sondern ebenso auf das Wissen, wo und wie man diese einsetzen muss. Einer handfesten Bedrohung gegenüber zu treten ist unter gewissen Bedingungen ein völlig legitimes Mittel eines Staates, sich und seine Einwohner zu schützen. Jedoch ist ein Verrat an der Wahrheit zur Selbstermächtigung für einen Krieg nicht besser als irgendein willkürlicher Terrorakt in irgendeinem Land. Erfolg darf Verrat nicht krönen, dessen müssen sich vernünftige Menschen, die in einer großen politischen Verantwortung stehen, stets bewusst sein.

Andernfalls rüttelte dies doch an den Grundfesten eines demokratischen Staates und stellte Freiheitsrechte, die Rechte auf Versammlung, Meinungs- und Pressefreiheit, ja das Recht auf eine Unversehrtheit von Leib und Leben, nicht nur erheblich in Frage; diese verfassungsmäßig verbrieften Rechte würden quasi systematisch unterhöhlt werden und zwar mit dem Wissen und der Billigung der Mächtigen (oder sie schauten zumindest immer rechtzeitig weg). „Freiheit ...!" Dieses große Wort, auf welches die ersten Einwanderer in die neue Welt vertrauten, als sie den alten Kontinent verließen und an der Ostküste landeten, „Freiheit" ist der amerikanischste aller Träume und dieser Traum, so er verwirklicht worden wäre, wäre der einzig wahre Grund für ein übersteigertes Sendungsbewusstsein der Vereinigten Staaten von Amerika gewesen. Die Menschen in diesem Land wollen nichts anderes als alle anderen auf diesem Planeten. Sie wollen frei sein, ihre Entscheidungen selber treffen und das eigene Leben in Ruhe und Frieden gestalten können. Wörtlich mit dem Satz „pursuit of happiness" in der Verfassung der USA festgeschrieben. Und das gleiche

Freiheitsmaß und die gleiche Selbstbestimmung, die irgendein Land für sich und seine Einwohner in Anspruch nimmt, muss auch anderen zugebilligt werden. Eine andere Übertragung in die heutige Zeit, Interpretation und konsequente Anwendung des „Kategorischen Imperativs" nach Immanuel Kant kann es doch eigentlich vernünftiger Weise nicht geben. Anders herum ist es doch völlig logisch, dass ein Land permanent Gefahr läuft, sich den Zeigefinger zu brechen, welchen es ständig in die Nase eines anderen Landes einführt. Menschen wollen das eigene Leben gestalten und ihr Glück mit den Mitteln finden, die ihnen zur Verfügung stehen. Wenn Sie, liebe Leser, nun meinen, ich sei ein Träumer, dann fragen Sie sich dies auch einmal, wenn ihnen die Grundsatzerklärungen beispielsweise religiöser Einrichtungen oder politischer Parteien in die Hände kommen. Nicht die Hautfarbe, Herkunft oder die Religion dürfen den Betrachtungswinkel vorgeben, den ein Land an die eigenen Menschen oder die Menschen anderswo anlegt, sondern die Schaffung von Rahmenbedingungen für die größtmögliche individuelle Freiheit und Unabhängigkeit innerhalb von Grenzen und Regelungen, die Moral und Ethik zur Grundlage haben und nicht Blindheit, Ignoranz, Machtgier und Eigennutz.

Genau an diesem Punkt versagen Politik und Gesellschaft in Amerika und insbesondere die Regierung des amtierenden Präsidenten George W. Bush (aber, um dies auch deutlich zu sagen, anderswo ist das oftmals nicht anders, nur vielleicht wesentlich weniger prominent). Es lebt sich als Schwarzer auch heute nicht sonderlich angenehm in den Südstaaten der USA. Indianische Herkunft wird oftmals verschwiegen, obwohl der Stolz dieser Menschen nicht nur sprichwörtlich ist, sondern seine Ursprünge auch in der Würde des eigenen Stammes, also der eigenen Vergangenheit zu suchen und finden ist. Afro-Amerikaner und Indianer, um nur diese beiden Beispiele zu nennen, sind sich ihrer würdevollen Vergangenheit wohl bewusst, während dies von den Weißen nicht immer behauptet werden kann, sonst würde man wahrscheinlich behutsamer mit den Grundsätzen der eigenen Verfassung umgehen und diese Grundsätze nicht nur als „geschrieben" an- und hinnehmen, sondern für deren Durchsetzung ebenso kämpfen wie Minderheiten dies für ihre natürlichen Rechte, ihre Menschenrechte an sich tun. Daneben sind es Weiße, um dies in aller Despektierlichkeit zu sagen, die sich in Gewänder hüllen, welche auch die eigenen Gesichter verbergen, um in dieser künstlichen Anonymität den Aggressionen gegen anders aussehende Menschen freien Lauf zu lassen. Weshalb hat man in der Vergangenheit gegen Indianer Krieg geführt, und warum durften sich Schwarze in Bussen nicht setzen (und das noch mitten im 20. Jahrhundert)? Warum ist man mit den Menschen, die auf diese Missstände hingewiesen und damit die Weltöffentlichkeit aufmerksam gemacht haben, nicht in einen kritischen und konstruktiven Dialog getreten, sondern hat sie ins Abseits befördert oder schlimmstenfalls eliminiert? Es wurden in den USA nicht nur Bürgerrechtler und politische Aktivisten mit großem Zulauf und Zuspruch eliminiert, sondern auch auf anderen Gebieten zeigte sich die „Stärke" der Mehrheit gegenüber Minderheiten. Amerikanische Leichtathleten wurden nach ihren Medaillengewinnen, wie zum Beispiel bei den Olympischen Sommerspielen in Mexiko 1968, nur deswegen aus der Olympiamannschaft geworfen, weil sie bei der Siegerehrung eine Faust mit einem schwarzen Handschuh bekleidet gen Himmel reckten. Wenn das Land wirklich frei und dies die Heimat der Tapferen ist, dann haben diese Sportler völlig amerikanisch gehandelt. Darüber sollten wir einmal genauer nachdenken. Dieser Ausschluss aus der US-amerikanischen Olympiamannschaft wäre somit völlig unamerikanisch gewesen, und das war er auch. Wenn Sportveranstaltungen, wie die Olympischen Spiele, nicht für politische Kundgebungen der Athleten, also der Menschen im Mittelpunkt dieser Sportfeste, missbraucht werden sollen, warum boykottierten die Supermächte und ihre politischen und „ideellen" Verbündeten gegenseitig die Sommerspiele in Moskau 1980 und Los Angeles 1984? Großbritannien einerseits und Jugoslawien anderseits bildeten die prominentesten und rühmlichsten Ausnahmen, die an dieser Stelle ausdrücklich erwähnt werden sollen.

Die Menschen eines Landes halten den Machthabenden viel zu selten den Spiegel vor. Viel einfacher ist es dagegen, mit dem Finger auf andere zu zeigen (siehe dagegen Theodor Heuss, der darauf hinwies, dass vier Finger einer Hand immer auf den zeigen, der einen einzigen seiner Finger auf einen anderen richtet). Das ist für einige ermutigend, kann man doch auf diesem Weg sehr gut von den eigenen Problemen ablenken. Wenn ich Krieg auf einem anderen Kontinent führe, dann interessieren sich weniger Leute für die Armut und Arbeitslosigkeit, also die sozialen Missstände und akuten Probleme, im eigenen Land. Das ist Strategie einer Politik, die nicht um der Menschen Willen agiert, sondern einzig und allein dem eigenen Machterhalt und dem Ausbau dieser Macht verpflichtet ist. Und diese Strategie ist im Vorgehen vieler US-Administrationen (auch der jetzigen unter Präsident George W. Bush) erkennbar gewesen. Eine solche Politik macht aus den Machthabern keine schlechten Demokraten, denn die Demokratie lebt immer nur so gut wie ihre potenziellen Geburtskrankheiten, nämlich die Menschen in verantwortungsvollen Machtpositionen, diese verstehen und achten. Dieses Vorgehen der amerikanischen Regierung ist die Ableitung einer bedenklichen Gesamtstrategie, die nun offen zu Tage tritt. Kernstück dieser Strategie ist die Ausweitung des hegemonialen Machtanspruchs auf alle Regionen dieser Erde, deren Ressourcen von höchstem Interesse für Amerika sind (der Kabarettist Volker Pispers fragte in einem seiner Programme unlängst, was passierte wenn in Deutschland jemand Kanzler wäre, der den Amerikanern nicht zusagte und gleichzeitig Öl unter dem Kölner Dom gefunden werde?). Warum sonst sollten zahllose Bomben auf verödete Landstriche in Afghanistan fallen? Wer wirklich glaubt, dies würde man den dortigen Menschen zuliebe tun, der sollte einmal nachfragen, ob man die Terroristen um Bin Laden nicht mit einem eher chirurgischen Eingriff wirksamer hätte bekämpfen und eliminieren können. Vielleicht ist James Bond eine immer währende Utopie, die ihrer Zeit stets voraus war und möglicherweise immer noch ist, aber man kann sicher sein, dass sich in den Geheimdiensten dieser Welt irgendein „007" finden lässt, der einen klar umrissenen Einsatz erledigen könnte (wenn man dies wirklich wollte?). Man würde sich mit einem solchen Vorgehen eines (Enemy Mine), quasi geliebten, Feindes entledigen. Allerdings ist es jedoch nur eine Sache, einen Feind zu vernichten und eine andere, immer neue Feindbilder entstehen zu lassen und aufzubauen, damit die Systematik der oben beschriebenen (imperialen) Politik auch in Zukunft Bestand haben kann. Dies ist vor allen Dingen dann problematisch, wenn der amerikanische Imperialismus (sehen Sie einmal bei dem amerikanischen Politikwissenschaftler Chalmers Johnson nach, „Der Selbstmord der Amerikanischen Demokratie") auf einem weltumspannenden Netz von Militärbasen errichtet worden ist, deren Ausrüstung in einer gigantischen Maschinerie hergestellt wird, welche nicht nur immense Haushaltsmittel Jahr für Jahr bindet, sondern auch eine Vielzahl Arbeitsplätze schafft. Imperialismus, Terrorismus, Vernichtung, Mord und Krieg müssen als Mittel zur Durchsetzung politischer Ziele ebenso geächtet werden, wie der „Soziale

Friede" in einem Land nicht auf einer Rüstungs- und Zuliefererindustrie aufgebaut und fortgeführt werden darf, wenn dieser „Soziale Friede" dauerhaften Bestand haben soll. Ein Produktionsarbeiter in einem Rüstungsunternehmen wird spätestens dann über den Sinn des Krieges und seiner „Zuarbeit" zum Krieg nachdenken, wenn seine eigene Familie oder sein direkter Freundeskreis ein Opfer in einem Konflikt zu beklagen hat. Der amerikanische Imperialismus trägt zudem noch ein zusätzliches hässliches und völlig unamerikanisches Gesicht. Die amerikanische Regierung unterhält an der kubanischen Küste, Guantánamo Bay, ein Konzentrationslager, in welchem derzeit Kriegsgefangene aus den Feldzügen am Golf aber auch Häftlinge aus völlig anderen Regionen gefangen gehalten werden. Weder amerikanische Gesetze noch das internationale Völkerrecht schützen die inhaftierten Menschen (die in der Amtssprache „Kombattanten" genannt werden), die der Willkür ihrer Peiniger ausgeliefert sind. Während die Gefangenen unter allen Umständen gefügig und geständig gemacht werden sollen, gehen die Aufseher trotz der Anwendung unmenschlicher Methoden nicht nur straffrei aus, sie gelten zu Hause noch als Kriegshelden und werden nach ihrer Heimkehr ausgiebig gefeiert. Niemand geht ernsthaft dagegen vor, obwohl auch hier offenkundig Menschenrechte mit Füssen getreten werden.

Wenn die Vereinigten Staaten dem eigenen Anspruch gerecht werden wollen, Freiheit und Demokratie, Gleichheit und Menschenwürde, Ethik und Moral, Recht und Sicherheit, Fürsorge und Schutz sowie Menschlichkeit und Würde zu verteidigen, dann dürfen sie keinesfalls die Methoden einsetzen, mit denen sich ihre terroristischen Gegner und Feinde eines Verrates an der Humanität schuldig machen. Die Verteidigung dieser Rechte gilt eben nicht nur im Hinblick auf einen Schutz der Menschen im eigenen Land, sondern eben überall auf unserem Planeten. Ein Sieg über einen real existierenden und bedrohlichen Widersacher steht immer im Licht der zu dem speziellen Zweck eingesetzten Mittel, alles andere machte aus dem Besiegten einen Märtyrer, was unweigerlich zu einer erneuten Gewaltspirale aus Hass, Vergeltung, Aufruhr, neuerlichem Terror und Mord führen würde. Falls dies das Ziel einer Sicherheitspolitik ist, wäre sie an Kurzsichtigkeit und Halbherzigkeit kaum zu überbieten. Die Verteidigung der Freiheit ist ein ehrenwertes Ziel, das sicher von der Mehrzahl aller Menschen auf diesem Planeten unterstützt wird. Zur Verteidigung von Freiheit muss diese allerdings auch erst einmal ernsthaft bedroht sein. Ein solches Drohszenario entsteht nicht auf den Reißbrettern des Pentagon oder in den Geheiminformationen des CIA, es ist ein Spiegelbild für politische und gesellschaftliche Verhältnisse in einer Region oder einem speziellen Land. Solche Entwicklungen sind in aller Regel erklärbar, sie können beobachtet werden und ein frühzeitiges Eingreifen der internationalen Staatengemeinschaft kann das Schlimmste für die betroffenen Menschen in den meisten Fällen verhindern. Damit könnte man verschiedene Drohszenarien im Keim ersticken, bevor diese um sich greifen können. Offensichtlich entstehen im Lichte der amerikanischen Machtinteressen solche Krisen stets in eben solchen Regionen, die für die USA von speziellem Interesse sind. Ressourcen spielen eine, wenn nicht die, vorrangige Rolle bei der Entscheidung über die Entsendung eigener Truppen in ein Krisengebiet. Anders wäre es doch nicht erklärbar, dass ein grausamer Völkermord, wie in Ruanda in den 1990er Jahren, ohne Eingriff der USA, sogar die Flüsse des Landes blutrot färben konnte. Warum sollten sich die USA in einem Landstrich engagieren, der, verdorrt und verödet, den Menschen kaum oder keine Möglichkeiten bietet, sich mehr als am nackten Leben zu halten. Man möge sich einmal vorstellen, diese politische und menschliche Tragödie hätte sich im Iran oder Saudi Arabien nur ansatzweise angedeutet. Die amerikanischen Verbände wären auf Geheiß ihres Oberbefehlshabers in rasender Geschwindigkeit eingeschritten, um nach Beendigung des Konfliktes über die Bodenschätze zu verfügen. Das Wort eines „Krieg(es) für Öl" machte während des 1. Golfkrieges die Runde, völlig falsch ist diese Einschätzung sicherlich nicht. Vielleicht etwas verkürzt, aber keinesfalls abwegig und falsch. Zudem muss man sich einmal vor Augen führen, mit welchen verkürzten bzw. Nicht-Argumenten die amerikanische Regierung einen Krieg gegen ein anderes Land beschließt und ohne mit seinen Verbündeten ernsthafte Rücksprache zu halten, diesen auch durchführt. Als kritischer Beobachter sieht man sich zu oft in die Enge gedrängt, da vielfach eine Sprachregelung der großen Regierung gewählt wird, welche zwar nichts sagt aber genau so wenig in Abrede stellt. In ihren Argumenten und Aussagen bewegt sich die amerikanische Außenpolitik auf der Ebene eines „Nullum" (nicht Fisch und nicht Fleisch würde der geneigte Rheinländer dazu sagen). Vielleicht will man den Kritikern Angst machen oder es ist der schlechte Versuch, eine „vernünftige" Politik zu verkaufen, die keine Vernunft kennt.

Es ist doch völlig absurd und pervers, einen kleinen afghanischen Helfershelfer völlig entrechtet in einem Stacheldrahtverhau vor sich hin sterben zu lassen, während die mutmaßlichen Anführer der Bewegung nicht nur frei herumlaufen, sondern auch noch in aller Seelenruhe Videos produzieren und in (un)bestimmten zeitlichen Abständen veröffentlichen, mit denen in schöner Regelmäßigkeit eine amerikanische Bevölkerung und die gesamte Welt daran erinnert wird, dass dem Feind hartnäckig entgegen getreten werden muss und dies, wenn notwendig, unter Einsatz aller materiellen Mittel und menschlichen Opfer. Niemand in der amerikanischen Administration bekämpft ernsthaft und entschieden die Drahtzieher des Terrors. Aber offensichtlich sind die Kräfte des amerikanischen Geheimdienstes und des Militärs nicht stark genug, irgendwo in den Wüsten oder ab den Höhlen dieser Erde umherziehende Nomaden dingfest zu machen. Dies verstehe, wer will!

Immerhin hat man es doch hingegen vor über vierzig Jahren geschafft, den eigenen Präsidenten vor laufenden Kameras zu erschießen, ohne jemals die wirklichen Gründe und Hintermänner ans Tageslicht zu liefern. Wenn ich genauer über den 22. November 1963 und das Attentat auf Präsident John F. Kennedy nachdenke, muss ich wohl meinen Hut vor der brillanten Arbeit der Geheimdienste ziehen. Dann darf es doch auch einmal ein in afghanischen Höhlen herumirrender Derwisch sein, dessen Schergen auch nichts Besseres zu bieten haben, als unter dem Deckmäntelchen des Korans (und dieser Koran will alles andere als eben jenes) die Welt anzuzünden. Menschen mit solch verödeten Nervenenden in ihren Köpfen setzen sich in Flugzeuge und steuern diese Maschinen wie fliegende Bomben in Wolkenkratzer, um sich selbst und möglichst viele andere mit in den Tod zu reißen. Dabei sterben so viele Menschen, dass die Nation verständlicherweise im Tiefsten getroffen ist (keinem anderen Land wäre es in dieser Situation anders ergangen). Das alles scheint vergessen, als ihnen präsentiert wurde, der Schuldige sei in Afghanistan nicht zur Strecke zu bringen. Das Schicksal dieser Terrorbande hätte die Schicksalsfrage dieser amerikanischen Administration sein müssen, doch bevor man sich ernsthaft an die Verfolgung Bin Ladens machte, marschierte man in den Irak ein. Völlig ohne Sinn und Verstand wurden Scheinargumente (und nichts anderes waren es) für den Kriegsbeginn herangezogen, von denen wir heute wissen, dass sie frei erfunden waren. Zwischenzeitlich wurden die Verbindungen zwischen den Familien Bush und Bin Laden bekannt, deren Kooperationen gerade auf geschäftlicher Ebene überaus florierend gewesen sein sollen (und dies vielleicht auch noch sind). Am Tag des Anschlages in New York, dem leidvollen und scheußlichen 11. September 2001, wurden Familienmitglieder Bin Ladens trotz des verhängten Flugverbots in Amerika außer Landes geflogen. Und niemand unternimmt etwas. Warum werden die angehörigen der Terroropfer nicht einmal gefragt, was sie hierzu denken und welche Gefühle in ihnen angesichts dieser Tatsache hoch kochen? Auch wenn man dem amerikanischen Filmemacher und Autor Michael Moore nicht in allen Punkten zustimmen muss, finden sich doch Hinweise auf die Richtigkeit vieler seiner Beobachtungen. Um dem Umsichgreifen dieser (mitunter lediglich populistischen) Veröffentlichungen Einhalt zu gebieten, bietet das Land eine ganze Armada an Lobbyisten auf, die den Präsidenten und seine engsten Vertrauten ins rechte Licht setzen sollen. Wenn Michael Moore wirklich daneben liegen würde, schmunzelte man in den Korridoren der Macht über die belustigenden Thesen und Erzählungen eines bärbeißigen Schriftstellers und Filmemachers. Durch die massiven Versuche unterschiedlicher Dementi und Gegendarstellungen von Seiten offensichtlich angeheuerter Lobbyisten kann auch der bislang „Gläubigste" seinen rechten Weg verlieren. Spätestens zu diesem Zeitpunkt musste doch jedem vernünftig denkenden Menschen klar sein, dass hier etwas nicht stimmt. Aber offensichtlich kümmert man sich nicht mehr um amerikanische Werte, zu denen nach den Wünschen der Verfassungsväter auch die Offenheit und Fairness gegenüber Menschen zählt.

Auch nichts von Freiheit und Tapferkeit! Kein Wort mehr davon, auch einen schweren Weg auf sich zu nehmen, um den Terror – den real existierenden Terror – zu bekämpfen. Das ist weniger als Politikstrategie zu bezeichnen, es wirft auf jedes außenpolitische Vorgehen der USA einen fragwürdigen und geradezu kriegslüsternen Schatten, den sich die amerikanische Regierung durch Offenheit und klare Absprachen mit den eigenen politischen Partnern und weltweiten Verbündeten hätte ersparen können. Aber offensichtlich will dies niemand wirklich. An die Stelle einer seriösen und nachvollziehbaren Außen- und Sicherheitspolitik ist die völlig unamerikanische, aber leider menschliche (was diese kein Stück besser macht), Machtpolitik getreten, durch welche man Menschen unterdrückt und ihrer freiheitlichen Rechte ganz oder teilweise beraubt. Von den sinnlosen und unschuldigen Opfern in den Reihen der eigenen Soldaten und unter der Zivilbevölkerung im Irak berichtet Jürgen Todenhöfer fesselnd und mit einem erschütternden Beigeschmack (lesen Sie einmal dessen aufrüttelndes Buch „Andy und Marwa“ und hier insbesondere das „Politische Vorwort“). Beim allerbesten Willen kann hier keinerlei Verbindung zwischen der aktuellen Innen- und Außenpolitik Amerikas und den eigenen verfassungsmäßigen Grundsätzen gesehen werden. Auch in der amerikanischen Nationalhymne, die nun wirklich tagtäglich gesungen, zitiert und rezitiert wird, findet sich kein Hinweis für einen derartigen Politikwechsel. Wenn noch zu Beginn des 20. Jahrhunderts der Isolationismus die Maxime amerikanischer Politik gewesen ist, können wir uns vielleicht ausrechnen, wie viele Bodenschätze in den zurückliegenden einhundert Jahren von den Vereinigten Staaten von Amerika verbraucht wurden, denn nur die Eroberung neuer Ressourcen kann ein wirklicher Grund für die Handlungen der heutigen Administration sein. Das wiederum legt den Schluss nahe, ein schonender Umgang mit diesen Ressourcen hätte in der Vergangenheit eine Menge Kriege verhindert. Nun, die Kriege fanden leider statt oder toben im Offiziellen oder Geheimen noch heute, also erübrigt sich dieser Gedanke, aber viele der handelnden Personen in der heutigen amerikanischen Administration arbeiten oder arbeiteten in der Ölbranche oder anderen angrenzenden Bereichen. Auch darüber sollte man sich einmal ein wenig genauer erkundigen, man wird auf die erstaunlichsten Zusammenhänge zwischen der US-Regierung und diversen Konzernen, wie zum Beispiel Halliburton, treffen.

Macht und der Umgang mit ihr ist Verantwortung und Aufgabe zugleich. Stets zeigten sich die Machthaber als besonders fürsorglich im Umgang mit der Ihnen übertragenen Macht und Verantwortung, welche sich besonders um die Belange der Menschen im eigenen Land kümmerten. Zunächst einmal vor der eigenen Haustür kehren ist nicht umsonst ein im Volksmund hierzulande immer gerne benutztes Geflügeltes Wort, wenn es um Übergriffe, gleich welcher Art und Gestalt, auf andere als das eigene Gebiet geht. Die Vereinigten Staaten von Amerika hingegen, so zeigte die Geschichte vergangenen Jahrhunderte, entwickelten sich nicht nur zu einer Nation mit einem weltweiten Sendungsbewusstsein, welche die Welt geradezu vor sich selbst schützen wollte und dies immer noch will, im Inneren vollzog sich der Übergang zu einer geeinten und politisch auf der Basis des „all men are created equal" stehenden Nation gleichfalls nicht. Zu deutlich spürbar sind noch heute die Unterschiede, welche zwischen Weißen, Schwarzen und Ureinwohnern gemacht werden. Die Einwanderer in die „Neue Welt" überschwemmten ein riesiges Territorium nicht nur mit einer immer größer werdenden Zuwandererzahl, auch die Macht einer Bevölkerungsmehrheit, welche keinesfalls einer einzigen ethnischen Herkunft gewesen ist, sondern aus Ländern ganz Europas auf dem neuen Kontinent zusammenkam, verordnete dem Land und seinen Menschen Gesetze, Regeln und damit eine Lebensart, die künstlich erzeugt und keineswegs historisch gewachsen war. Zwischenzeitlich haben sich freilich einige Wogen zwischen Bevölkerungsgruppen geglättet, teilweise erreichten z.B. Schwarze bereits hohe Staatsämter, doch überwunden ist die Apartheid in den Vereinigten Staaten auch noch nicht. Weiß zu sein gibt den Amerikanern auch heute noch das besondere Gefühl, Macht über andere im eigenen Land ausüben zu können. Diese Macht ist geradezu verleitend im Umgang mit Menschen, wie der immer wiederkehrende Drang zu einer einmal konsumierten Droge. Festzustellen ist jedoch, dass diese Droge im Fall der USA alles andere als stimulierend wirkt. Im inneren Umgang mit den eigenen Einwohnern, also mit Amerikanern, bewegt sich die USA auf einem Niveau, welches in der heutigen Zeit kaum mehr anderswo denkbar wäre. Im Süden des Landes gibt es noch heute Landstriche, in denen sich Schwarze nicht so ungehindert und frei bewegen können, wie man dies als freier Mensch in „the land of the free" eigentlich erwarten könnte. Unterschiedliche, eher rassistische als politische oder gesellschaftliche, Gruppierungen halten noch in unserer Zeit an alten Besitzständen fest und akzeptieren den Fortlauf der Zeit hin zu einem kultivierten und von hohem Respekt geprägten zwischenmenschlichen Umgangs schlicht und ergreifend nicht. Noch heute erinnern wir uns an den Fall des von weißen Polizisten zusammengeschlagenen Schwarzen in Kalifornien, dessen Peiniger annähernd straffrei aus dem Vorfall herausgekommen sind. Freiheit und Gleichheit, wie dies nicht nur während der Französischen Revolution propagiert worden ist, sieht sicherlich ein wenig anders aus.

Dieses und weitere Beispiele sollen verdeutlichen, dass auch die Vereinigten Staaten so ihre Probleme haben. Die Zustimmung für den 43. Präsidenten der USA ist, wie man derzeit allerorts hören kann, auf den niedrigsten Wert seit dessen erster Vereidigung gesunken. Die meisten Amerikaner wollen gegen einen unsichtbaren Feind nicht in den Krieg ziehen und schon gar nicht ihre Söhne in fremden Länden für einen nebulösen Zweck sterben sehen, doch der Glaube an das eigene Land und an seine Stärke und Sendungskraft ist nach wie vor ungebrochen. Dies ist auch durchaus zu begrüßen, denn die USA haben sich ihre herausgehobene Stellung in den vergangenen Jahrzehnten durchaus verdient und erwiesen sich als stabilisierender Faktor in den Wendezeiten der späten Achtziger und frühen Neunziger Jahren. Dann nämlich befanden sich die Staaten Osteuropas auf unsicheren Schollen in einem Ozean, zwischen Freiheit und Diktatur treibend. Die meisten von ihnen haben nicht zuletzt durch den positiven Einfluss amerikanischer und westeuropäischer Politik auf den Freiheitsweg gefunden.

9. Deutschland entwickelt sich weiter!

Wir müssen und können also heute getrost davon ausgehen, dass die Deutsche Einheit für Politik und Menschen recht unvorbereitet kam. Die territoriale Erweiterung des Landes und der Zusammenschluss zu einem Volk von über 80 Millionen Menschen waren alleine schlicht nicht mit gut gemeinten Politikersätzen zu organisieren. Weder Kohls „Blühende Landschaften" noch Willy Brandts, es wachse nun zusammen, was zusammen gehöre, halfen aus einem zweigeteilten Land einen Staat zu formen. Die Strukturen des westdeutschen Staates wurden in einem vergleichsweise blinden und hektischen Aktionismus auf den Osten übertragen und erst später verdeutliche sich, welch großen Schaden man mit einer überlegten Vorgehensweise hätte abwenden können. Auch wenn die handelnden Politiker und ihre Parteien sich allzu gerne hinter dem Ausspruch zu verstecken suchten, was man denn sonst hätte tun sollen, offenbart gerade dies die anfängliche Ahnungslosigkeit in den Korridoren der Macht der damaligen Bundeshauptstadt Bonn. Wenn schon die führenden Köpfe des Landes weder Ausweg noch Antwort wussten und die von ihnen bezahlten Berater keine Lösungen parat hatten, dann war die Organisation eine schadensbegrenzende Nacht- und Nebelaktion.

Das Öffnen der Grenzen führte eben zu einem Sog, dem sich die westlichen Bundesländer nicht gewachsen sahen, was zu einer Übersättigung der dortigen Arbeitsmärkte führte und die Landschaften im Osten auszudörren drohte. Und in diesem Tohuwabohu war es nur natürlich, dass man sich hüben wie drüben zurecht fragte, wie man das Land denn nun am besten aufbauen und organisieren sollte und welchen Nutzen die Menschen aus der Wiedervereinigung an sich zögen. Bis zum heutigen Tag sind wirklich positive Effekte nunmehr schwer auszumachen, sehen wir von der Freiheit für Millionen Menschen, die das Joch des Sozialismus ertragen mussten, einmal ab. Deutschland wurde in den folgenden Jahren zu einem havarierten Tanker, der durch die Stürme der Gezeiten mehr getrieben als gesteuert wurde. Nachhaltige Konzepte waren lange nicht zu sehen.

Wenn eine Herde nicht schneller galoppieren könne als ihr langsamstes Pferd steht, wie man bezogen auf die Zeit nach der Wiedervereinigung süffisant anmerken könnte, dann bewegte sich das Land eher zurück als nach vorne. Alleine bei dem Gedanken an die Privatisierung ehemals staatlicher Unternehmen und Banken schüttelt man verständnislos den Kopf, wenn einem die Zahlen des volkswirtschaftlichen Verlustes offenbart werden. Aber, wir wissen wie die Politik reagierte: Was hätten wir denn anders machen sollen? Das alles entscheidende Totschlagsargument, für welches politische Berater nach der Auslieferung dieses eigentlichen Nicht-Argumentes sicher noch ein hohes Honorar einforderten und letztlich auch kassierten. In Zeiten wachsender Arbeitslosigkeit und verminderter Produktivität wäre es eigentlich die Aufgabe der Politik gewesen, in das Land und seine Menschen zu investieren, aber man bezahlte lieber Kostennoten von Managementberatungen, die einem Ausflüchte aus den anstehenden Aufgaben bescherten, mit zum Teil ausgezeichneten aber vorgeschobenen Argumenten ausstaffiert. Zeiten der politischen Wahlkämpfe wurden genutzt um milliardenschwere Geschenke zu verteilen, die niemand wirklich wollte und so manche gar nicht erst benötigten. Investitionsprogramme zur Beschäftigungsförderung blieben lange Zeit einfach aus. Alleine die Bundesagentur für Arbeit in Nürnberg wurde mit einem Personalstamm von mehr als 100.000 Mitarbeitern versehen, die die Arbeitslosigkeit verwalten sollten, ohne wirklich Abhilfe schaffen zu können. Zum Ende der Kohlära schlitterte das Land in die Steinzeit politischer Konzeptionslosigkeit zurück, was angesichts der in den letzten Monaten der Kohlregierung beschäftigten Polittrottel nicht weiter verwundert. Aber auch nach der Regierungsübernahme durch den Niedersachsen Gerhard Schröder ruhten die Geschicke des Landes lediglich in einer leicht zitternden und durch Zigarrengenuss ansonsten eher halbwegs beruhigten Hand eines Sozialdemokraten, der durchaus auch im Gewand eines konservativen Christdemokraten zu überzeugen wusste oder etwa in italienischen Designeranzügen eine gute Figur beim Fotoshooting zu machen suchte.

Unterschiede zwischen den Parteien und Inhalten waren nicht mehr zu erkennen, was die Gruppierungen an den Rändern des Spektrums geradezu zwingend stärken musste. Also riefen die politischen Kräfte der selbsternannten Mitte zum gemeinsamen Kampf gegen Randgruppen auf, von denen zumindest eine mittlerweile als Koalitionspartner für die Sozialdemokraten in Frage gekommen war. Vielleicht ist es nur eine Frage der Zeit, dass auf der konservativen Seite ebenfalls etwas Derartiges passiert, denn die politischen Mehrheitsverhältnisse im Freistaat Bayern, der alle konservativen Strömungen in einer einzigen Partei, der CSU, zu versammeln weiß, ist eben nicht überall so einfach zu reproduzieren, was der Bayer an sich durchaus zu schätzen weiß. „Mir sann mir!“ Den Anfängen zu wehren bedeutet für die etablierten Parteien eben auch, aus ihrem Tiefschlaf zu erwachen und das Land für die Zukunft fit zu machen und auf die anstehenden Herausforderungen vorzubereiten.

Die Menschen in Deutschland haben dies nicht erst gestern erkannt und hefteten einen deutlichen Denkzettel an die Pforten des Reichstages, in dem sie bei der letzten Bundestagswahl kein eindeutiges „Urteil“ über eine der vermuteten politischen Konstellationen fällten. Der Neoliberalismus von FDP-Chef Guido Westerwelle zeigte vielleicht noch die ökonomisch am ehesten rechenbarsten Politikansätze, aber es findet sich in Deutschland offenbar keine Mehrheit für den Ausverkauf der Sozialen Sicherungssysteme, auch wenn man einmal über einige der Ansätze der Liberalen genauer nachdenken sollte. Die Bündnisgrünen verloren mit Joschka Fischer ihren wahren „Namensgeber“ und Steuermann, dem keine wirklich ernsthafte personelle Alternative folgte und die Linke konstituiert sich mit Lafontaine und Gysi an der Spitze so lange selber, bis sich ihre eigenen Landesverbände der WASG und der PDS wieder auseinanderdividiert haben, was wir bereits bei den Wahlen zum Berliner Senat im September 2006 erlebt haben. Nun ist es nicht zu vermuten, dass der Meinungsanschlag an die Pforten des Reichstages ein vergleichbares Ergebnis mit sich bringen würde wie die Thesen des Martin Luther. Eine Stärkung politischer Handlungsfähigkeit kann man allerdings aus dem Ergebnis ebenso wenig ableiten. Die Schuld, so wollten uns die Politiker glauben machen, trugen am Wahlabend im September 2005 die Meinungsforscher auf der einen Seite und die Wähler andererseits, denn sie hätten ja durchaus zugunsten einer der beiden mehrheitsfähigen Politikkonstellationen entscheiden können. In Wirklichkeit präsentierte keine der maßgeblichen Parteien ein schlüssiges Konzept, welches die Mehrheit der Menschen überzeugt hätte. Zu den größten Verlierern zählten die, die sich während des Wahlkampfes als sichere Sieger sahen. Es ist schon ein wenig paradox, dass ausgerechnet sie nun die neue Kanzlerin stellen. Weiterhin bleibt zu hoffen, dass die Große Koalition in der Lage sein wird, mit nachhaltigen Entscheidungen die dringenden Fragen beantworten kann, ohne auf dem Weg zu Entscheidungsfindungen auseinander zu brechen.

Dies mag ein Licht auf die Lernfähigkeit deutscher Politik werfen. Obwohl sich die Menschen in Deutschland weiterentwickelt haben, stehen die politischen Parteien immer noch in ihren Ecken des Ringes und taumeln, mit einem angeschlagenen Boxer vergleichbar, von Wahlrunde zu Wahlrunde. Die Bevölkerung quittiert dies mit wachsendem Argwohn und fragt sich zurecht, warum man selber teils gravierende Einschnitte in vielerlei Hinsicht in Kauf nehmen müsse, während einem keine neuen Konzepte außer der Erhöhung der Staatseinnahmen bei gleichzeitiger neuer Rekordverschuldung angeboten und politisch verkauft werden. Außertarifliche Betriebsvereinbarungen werden zum Beispiel zwischen Arbeitgebern und Arbeitnehmern geschlossen, um auf diesem Weg für beide Seiten das Belastungsmaß so erträglich wie möglich zu halten. Politiker rühmen sich dann anschließend wie Gewerkschaften ebenso, sie hätten den Weg für ein solches Bündnis frei gemacht. Hier muss man nicht nur mit dem Kopf schütteln, sondern beginnt auch gleich zu weinen. Gebe jemand solchen Politikern eine gelbe Binde mit schwarzen Punkten. Dieses „Kleidungsstück“ mag im genannten Zusammenhang aussagekräftig und zutreffend zugleich sein.

Die Menschen in Deutschland haben aus ihrer Vergangenheit gelernt und haben sich gleichfalls damit abgefunden, dass es zu einem gesellschaftlichen wie politischen Umbruch kommen muss, will man die tonnenschwere Struktur des Staates auch in Zukunft weiterhin finanzieren. Wenn man, wie dies der Ministerpräsident Nordrhein-Westfalens Jürgen Rüttgers bereits in seinem Wahlkampf vor dem 22. Mai 2005, ankündigte, für jedes neue Gesetz zwei alte Gesetze wegstreichen wollte, dann ist das eben im Wahlkampf ein probates Mittel. Wenn derselbe Ministerpräsident dieser Ankündigung jedoch keinerlei Taten folgen lässt, dann handelt es sich um politischen Selbstmord. Schlimm ist nur, dass die potentiellen Nachfolger von der jeweils anderen Seite nichts Besseres zu bieten haben. Der Zwang nach Mehrheitsfähigkeit schlägt Sach- und Fachkompetenz. Setzen, „Vier Minus, setzen“, Mittelmaß eben!

Aber wir dürfen die Augen auch nicht vor den positiven Entwicklungen verschließen. Immerhin haben wir Helmut Kohl und Gerhard Schröder überlebt und dabei keinen persönlichen Schaden genommen. Sie waren es, die den Menschen verdeutlichten, sie müssten sich selber um ihre

Zukunft kümmern. Auf Konzeptionslosigkeit in der Politik folgt stets ein verstärktes Bürgerinteresse und mit dem gezielten Nachfragen der Leute wurden Dinge bekannt, die ansonsten wohl unter dem Deckmäntelchen der Geschichte unerkannt das Zeitliche gesegnet hätten. Erinnern wir uns nur noch einmal an den Parteispendenskandal Kohls und den Übergang Schröders in den Aufsichtsrat eines russischen Gasunternehmens namens Gazprom, dem er mit seinen politischen Entscheidungen den Weg entscheidend geebnet hat. So liefern Politiker eine Blaupause mit Anleitung für die strategisch richtige Vorgehensweise, das Land erheblich zu schwächen und die Menschen am Nasenring über die Marktplätze zu zerren. Das haben die Wähler nicht lange mit sich machen lassen und bedankten sich mit einem artigen Blumenstrauß und einer vom Bundespräsidenten unterzeichneten Entlassungsurkunde. Die Menschen haben sich eben weiterentwickelt, zu ihrem Glück und zugunsten schlafloser Nächte siegessicherer Wahlkämpfer. Es darf mit weiterer Spannung vor Wahlen gerechnet werden auch und gerade im Hinblick auf den Fortbestand der aktuellen Regierungskoalition in Berlin.

Zu Beginn des Jahres 2006 hatte Deutschland gerade erst einmal 15 Jahre Einheit hinter sich. Eine Einheit, die anfangs mehr trennte als zusammenführte und das gesamte Land erst allmählich und mit sehr gemächlicher Ruhe und einem gleichfalls überschaubaren Tempo durchzog. Die Arbeitslosigkeit lag immer noch auf einem Spitzenniveau und die Unternehmenspleiten waren kaum rückläufig. Andererseits war Deutschland soeben wieder zum Export-Weltmeister gekürt worden und man vernahm aus den Medien die Nachrichten von Rekordgewinnen der deutschen Spitzenunternehmen, die bei aller Dankbarkeit für ihre Mitarbeiter die Gehälter der Vorstände erhöhten, hohe Dividenden an die Aktionäre auszahlten und die eigenen Angestellten anschließend gleich reihenweise entließen. Eigentlich hatte sich nicht viel geändert, denn auch vor den Osterferien in diesem Jahr wurden wieder rechtzeitig die Benzinpreise angehoben, um die Reiselust der Menschen für den Staat zu versilbern, der – darf man den kleinen Aufklebern an den Zapfsäulen unserer Tankstellen Glauben schenken – 75 Cent je Liter für sich einstreichen darf. Komischerweise führte der amerikanische Präsident gerade mal keinen Krieg am Golf, so dass die Ölpreise auf einem – zwar recht hohen – Niveau, aber dennoch relativ stabil blieben. Den Humor ließen sich die Menschen auch dann nicht nehmen, als die Botschaft der Mehrwertsteuererhöhung durch die Lande strich, was die Gesundheitsministerin geschickt für sich zu nutzen wusste. Um aus ihrer Orientierungslosigkeit keinen größeren Hehl als unbedingt nötig zu machen, mahnte sie zeitgleich den erhöhten Finanzierungsbedarf der Krankenkassen an. Wenn wir schon einmal dabei sind, Steuern und Abgaben zu erhöhen, dann doch gleich richtig. Wir geben uns in der Politik ja auch nicht mit Stückwerk zufrieden. Das progressive Deutschland hatte eine Frau im Kanzleramt, was Spötter schnell als logische Konsequenz für die Gestaltung des Kanzleramtes als „Deutschlands größte Waschmaschine" deuteten. Also bereitete Helmut Kohl, der „Architekt" des Bauwerkes, seiner Angela Merkel doch noch das richtige Ambiente für ihren persönlichen Weg in das politische Spitzenamt der Republik. Ein Land verändert sich weiter! Die größten Merkelkritiker verstummten und feiern die Politik der Kanzlerin so frenetisch wie sie selbst dies gerade erst während der beginnenden Haushaltsdebatten im Bundestag getan hat. Dass bislang lediglich die Steuern erhöht worden sind und die Renten durch ein höheres Einstiegsalter de facto gekürzt worden waren, spielt bei der Zwischenbilanz der Großen Koalition keine Rolle. Mangels wirklicher Alternativen, so äußert sich die Regierungskoalition gebetsmühlenartig, sei auch keine andere Richtung wirklich möglich und schon gar nicht geboten. Als weiterer Teilerfolg dieser Politik kann auch gleich die Einhaltung der Maastricht-Kriterien im kommenden Jahr angesehen werden, wenn, ja wenn, die Konjunktur aufgrund der Anhebung der Mehrwertsteuer im Jahr 2007 nicht wieder völlig zum Erliegen kommt.

Es blieb in der Politik ja auch weiterhin spannend, denn dem Müntefering folgte der Platzeck und dem Platzeck der Beck aus Rheinland-Pfalz. Er mutet zwar ein wenig wie der Großvater der Jungsozialisten an, aber gewinnt als einziger Sozialdemokrat wenigstens noch seine Landtagswahlen. Wenn sich der Mann schon nicht selber zu Höherem berufen sieht, dann wird er möglicherweise seinem Parteigenossen und heutigen Bundesminister Gabriel den Weg zur Kanzlerkandidatur eröffnen, was die Kanzlerschaft der Angela Merkel aus heutiger Sicht doch deutlich verlängerten dürfte. Dies wiederum wäre der späte Sieg des Sigmar Gabriel über seinen „Landsmann", den Christdemokraten Christian Wulff, an dem der

Kelch der Kanzlerschaft vorbeigehen könnte. Dies ist ein hochinteressantes, allerdings keinesfalls abwegiges Gedankenspiel, welches man angesichts der medialen Ausstrahlung des Sigmar Gabriels durchaus einmal durchspielen sollte, um auf einen rhetorisch auf besten Niveau geführten Schlagabtausch vor der kommenden Bundestagswahl rechtzeitig vorbereitet zu sein. Die Jugend nach vorne, kann es dann aber eigentlich in den großen Parteien nur noch lauten. Da sich allerdings noch niemand wirklich aufdrängt, sehen wir einmal von dem aufstrebenden Chef der Jungen Union Mißfelder einmal tunlichst ab, stehen die Chancen auf neue Köpfe mit frischen Ideen gar nicht mal so schlecht. Vielleicht wäre es eines Tages ja auch denkbar, dass ein neuer Bundeskanzler zu Kabinettssitzungen extra aus Kalifornien einfliegt oder diese Gesprächsrunden per Videokonferenz mit Flatrate-Einsatz abgehalten werden. Auch wenn wir erst am Anfang des Dritten Jahrtausends stehen, ist die Spannung für die Zukunft jetzt schon absehbar. Und schauen wir einmal zum Beispiel nach Estland. Dort versammeln sich die allesamt jungen Regierungsmitglieder mit ihren Laptops in einem hochtechnisierten Konferenzraum für ihre Sitzungen. Ist das in einem Land wie Deutschland heute und in der Zukunft vielleicht völlig abwegig und unmöglich?

Im Jahr der Fußballweltmeisterschaft von ernsthaften Depressionen zu sprechen wäre wahrscheinlich kontraproduktiv. Auch wenn sich immer noch nicht abzeichnet, welchen Weg der deutsche Arbeitsmarkt und die staatlichen Systeme einschlagen werden ist immerhin ein wenig Erholung in Sicht. Die Bundesagentur meldete in den vergangenen Monaten abnehmende Arbeitslosenzahlen, was zu einer ersten Entlastung der öffentlichen Kassen führen wird. Da allerdings die Beschäftigtenzahlen nicht in gleichem Maße ansteigen, muss der volkswirtschaftliche Effekt weiterhin kritisch abgewartet werden. Die Wirtschaftsweisen sind sich darin einig, dass es in diesem Jahr zu einem Wirtschaftswachstum kommen wird, welches jedoch unter 2 Prozent liegen dürfte und somit keine nachhaltigen Beschäftigungseffekte erbringen kann. Zu den positiven Momenten zählte die Vorfreude auf die Weltmeisterschaft, durch die einiges in den Schatten gedrängt worden war, was ansonsten zu erheblichem Zündstoff geführt hätte. Wenn sich Menschen auf ein Ereignis freuen, dann bemerken sie die heranziehenden Gewitterwolken in aller Regel nicht, und es war eine taktische Finesse der Politik, ausgerechnet während der Weltmeisterschaft teils gravierende Entscheidungen zu treffen, die weitestgehend von der Öffentlichkeit unbemerkt Bundestag und Bundesrat passierten. Hier sind in allererster Linie die Entscheidungen in der Gesundheitspolitik zu nennen. Möglicherweise fühlte sich die Politik wegen der um sich greifenden Partystimmung auf den Straßen ein wenig unbeobachtet und flugs einigte man sich in der Großen Koalition auf einen Gesundheitskompromiss, der uns alle in den kommenden Jahren beschäftigen und zur Kasse bitten, oder besser zwingen, wird. Ganz nebenbei veranlasst dieser Kompromiss viele Fachleute, auch aus den Reihen der Regierungsfraktionen, dazu, teilweise erhebliche Zweifel an der Finanzierbarkeit zu äußern. Der Kölner SPD-Abgeordnete und Mediziner Prof. Karl Lauterbach, der schon der ominösen Rürup-Kommission angehörte, ist nur eines von weiteren Beispielen. Man sollte ihnen einmal genauer zuhören und die Zukunftsfähigkeit des nun getroffen Kompromisses in der Gesundheitspolitik erneut durchdenken.

Selbstverständlich zeigten sich die Regierungsmitglieder in schöner Regelmäßigkeit bei den Spielen des Turniers, aber im Hintergrund arbeiteten die Stäbe unter Hochdruck an einer Strategie zur erhofften Zukunftsfestigung eines wahrscheinlich – oder eher vermutlich – unbezahlbaren Gesundheitssystems. Sobald die Menschen aus der sportlichen Trance und ihrer Partystimmung endgültig erwachen werden, treten sie ihren Sommerurlaub an und kümmern sich erst dann wieder um die einschneidenden und kostenintensiven Neuregelungen, wenn sie ihre ersten Lohnstreifen jeweils zu Beginn der kommenden Jahre zu Gesicht bekommen. Die Wahl der Politik, zu diesem Zeitpunkt über die Richtung der Gesundheitssysteme zu entscheiden, überschritt zweifelsfrei die Grenze zur Instinktlosigkeit, denn im nebulösen Dickicht eines verkürzten Informationstransfers werden viele Punkte unangesprochen bleiben und man entzieht diese damit der öffentlichen Diskussion. Wahrscheinlich rüsten sich die Parteizentralen der heutigen Koalitionspartner bereits wieder für die kommende Wahlauseinandersetzung, nach der das heutige Zweckbündnis der eigentlichen politischen Gegner zerbrechen wird. Es herrscht offenbar der Leitspruch in der heutigen Politik, wenn man einmal eine Grenze überschritten habe, dann entscheidet man auch in Zukunft ungenierter als nach einer intensiven Diskussion mit den eigenen Bürgern. Keine gute Weichenstellung, das werden die kommenden Wahlen auf allen Ebenen zeigen.

Deutschland verändert sich auf unterschiedlichen Ebenen mit verschiedenen Geschwindigkeiten. Während in der Politik das Gaspedal nur dann durchgedrückt wird, wenn dies opportun erscheint, öffnen sich die Menschen in einer rasanten Geschwindigkeit für neue Entwicklungen und Herausforderungen. Dieses Missverhältnis ist nur mit einer großen Kraftanstrengung wieder ins Gleichgewicht zu bringen. Wenn man den Menschen immer neue Kraftanstrengungen abverlangt, die bei Licht betrachtet über bloßen Aktionismus hinaus jegliche künftige Tragweite vermissen lassen, dann darf man sich nicht wundern, wenn die Entscheidungen der Wähler eines Tages wieder in eine andere Richtung gehen. Die Politik und ihre Protagonisten pflegen sich und ihre Entscheidungen eben eines Tages selber wieder in Frage zu stellen und was heute noch beschlossen ist wird morgen wieder verworfen. Unter Berücksichtigung der unterschiedlichen Entwicklungsgeschwindigkeiten in Politik und Gesellschaft muss man nun auch einmal darüber nachdenken, ob der zeitweise latent vorhandene Stillstand in unserem Land von den Menschen oder von der Politik gewollt war? Um eine Antwort auf diese Frage zu finden, muss man sich nachfolgend nur einmal genauer betrachten, was in den Wochen der Weltmeisterschaft in Deutschland geschah und kommt zu erstaunlichen Erkenntnissen.

10. Wunder gibt es immer wieder

Zu den größten Sportveranstaltungen auf dem Globus zählen an der Spitze die Olympischen Spiele der Sommer- und Wintersportarten sowie die Fußballweltmeisterschaft. Die Wettkämpfe verzeichnen traumhafte Zuschauerzahlen wie weltweite Einschaltquoten und sie sind aus diesem Grund nicht nur unter sportlichen sondern auch wirtschaftlichen Gesichtspunkten wahre Höhepunkte und ganz nebenbei für den Veranstalter eine wahrhaft sprudelnde Einnahmequelle. Während solche Sportereignisse bis in die Siebziger Jahre des vergangenen Jahrhunderts eher von überschaubarem Interesse für die Wirtschaft und Sponsoren waren, so änderte sich dies spätestens mit den Olympischen Sommerspielen 1984 in Los Angeles, die gerade hinsichtlich ihrer medialen Omnipräsenz und dem damit verbundenen Interesse der Wirtschaft und Sponsoren neue Maßstäbe setzten. Der vormals alleine der olympischen Idee vorbehaltene Leitspruch: „citius (schneller), altius (höher), fortius (weiter)“ wechselte nun die Seite und erfreute sich nicht nur einer anwachsenden Zahl sportlicher Protagonisten, sondern erhöhte auch ihren wirtschaftlichen und damit einhergehend den finanziellen Stellenwert des Wettkampfes und -kämpfers an sich. Im gleichen Ausmaß wuchsen das weltweite Interesse an den Fußballweltmeisterschaften und damit auch das Interesse an ihrer Ausrichtung. Nach 1974 bewarb sich der Deutsche Fußballbund erneut um die Weltmeisterschaft und das Exekutivkomitee des Weltverbandes entschied in einer denkwürdigen Abstimmung mit dem hauchdünnen Vorsprung von einer einzigen Stimme (aus Neuseeland! Ehre ihrem Andenken) zugunsten Deutschlands und damit gegen das von Fifa-Präsident Joseph Blatter favorisierte Südafrika. „And the winner is, Deutschland“, waren die Worte des Schweizer Fußballboss, die ein ganzes Land jubeln und den Fußballkaiser hochleben ließ.

10.1 Kraftanstrengungen

Das Konzept des Deutschen Fußballbundes als örtlicher Veranstalter des Turniers sah vor, mit Geldern privater Sponsoren und öffentlicher Mittel, die vom seinerzeitigen Bundesminister des Innern Otto Schily zugesagt worden waren, ein Dutzend Spielstätten zur Verfügung zu stellen, die in Sachen Modernität und Ausstattung alles bisher Dagewesene in den Schatten stellen sollte. Zusätzlich investierten Bund, Länder und Gemeinden in den Ausbau von Verkehrswegen und wollten somit eine Infrastruktur schaffen, die später dem gesamten Land zugute kommen sollte. Weitestgehend rechtzeitig wurden Arenen und Verkehrswege bereitgestellt, wobei der Öffentliche Nahverkehr und die Straßenwege am Spielort Köln die erwartete Ausnahme bildeten, in der Stadt jedoch eher lächelnd hingenommen wurden. Rheinische Lebensfreude eben!

Die Stadien in Berlin, Hamburg, Hannover, Leipzig, Dortmund, Gelsenkirchen, Köln, Kaiserslautern, Frankfurt, Nürnberg, Stuttgart und München wurden zu einer Weltmeisterschaft würdigen Orten und im Zuge ihres Neu- oder Umbaus entstanden in den zurückliegenden Jahren gleichfalls viele neue Arenen, die den Stellenwert des Fußballs in Deutschland nun gebührend repräsentieren werden. In wenigen Jahren stemmte ein kleines Organisationsteam die notwendigen Rahmenbedingungen für das Ereignis und man darf sich getrost einmal fragen, ob dies im Rahmen politischer Entscheidungsfindung ebenfalls in diesem engen Zeitkorsett gelungen wäre. Alleine das Verfahren der Ticketvergabe wurde anfangs argwöhnisch beäugt und vielfach kritisiert. Mit der Personalisierung der Eintrittskarten zu den Spielen der Weltmeisterschaft versuchten die Organisatoren schon im Vorfeld unerwünschte Hooligans zu identifizieren und sie gar nicht erst in den Genuss eines Stadionsbesuchs kommen zu lassen. Auch wenn einige rechtliche Fragen in diesem Zusammenhang gleich deutsche Gerichte beschäftigten, so heiligte letztlich der Zweck des guten Gelingens die hierfür eingesetzten Mittel.

Pragmatismus pur, der in der Frankfurter Zentrale des Deutschen Fußballbundes auch herrschen musste, sonst hätten die Verantwortlichen, und allen voran Franz Beckenbauer, wahrscheinlich frühzeitig das Handtuch geworfen. Die Unterstützung von Seiten der Politik war eher flankierend, zumal es offensichtlich niemand wagte dem umtriebigen Chef des Organisationskomitees und ehemaligen Kapitän der Weltmeistermannschaft des Jahres 1974, der als Teamchef seine Mannschaft auch 1990 zum Titel führte, und seinem persönlichen Sachverstand zu widersprechen. Ein glücklicher Umstand, wie sich herausstellen sollte.

Ein ganzes Land putzte sich heraus und dekorierte sich mit einer anfangs eher misstrauisch beäugten Gastfreundlichkeit, um die 31 Mannschaften aus allen Erdteilen und ihre zahllosen Anhänger begrüßen zu dürfen. Beckenbauer bereiste im Vorfeld der Weltmeisterschaft jedes teilnehmende Land und warb für einen Besuch beim Gastgeber, was letztlich zu einer wahren Faninvasion führte. Bereits zu dieser Zeit wurde deutlich, welche Kraftanstrengungen in Deutschland unternommen wurden, um der Welt einer guter Gastgeber zu sein. Die „Welt zu Gast bei Freunden", das Motto des Turniers sprach nicht nur Bände, es wurde auch geschickt verfälscht in die englische Sprache übersetzt, denn sollte ein deutscher Pennäler das Motto der Weltmeisterschaft als „A time to make friends" übersetzen, wäre die Benotung sicherlich eher unbefriedigend gewesen. Der Zweck heiligte allerdings auch hier die eingesetzten Mittel zugunsten einer verständlichen Botschaft, die von deutschem Boden in die gesamte Welt ausgehen sollte. Wohl nirgends ist in der Vergangenheit ein Motto sinnbildlicher für eine Sportveranstaltung geworden, als das der Fußballweltmeisterschaft 2006 in Deutschland.

Das Ausland rieb sich schon vorher verwundert die Augen, denn so hatte man Deutschland noch nie zuvor wahrgenommen. Nach der Wiedervereinigung war es zwar nicht gerade still um unser Land geworden, doch die inneren Prozesse der Einheit absorbierten viele politische und gesellschaftliche Kräfte und führten dazu, dass sich das Land zunehmend um sich und seine eigenen Probleme kümmern musste. Im europäischen Zusammenhang fiel lediglich ins Gewicht, dass Deutschland schon lange nicht mehr in der Lage war, die Stabilitätskriterien des EURO einzuhalten und aus diesem Grund auch heute noch Gefahr läuft, mit erheblichen Bußgeldbescheiden aus Straßburg und Brüssel rechnen zu müssen. Der Riese im Herzen Europas war erwacht und lauerte nicht wie in der Vergangenheit oft auf Beute, sondern lud seine unmittelbaren Nachbarn ebenso herzlich zu sich ein wie alle Freunde aus aller Welt.

Was mit einem organisatorischen und finanziellen Kraftakt begann, entwickelte sich im Verlauf der Vorbereitung auf die Weltmeisterschaft mit einer Eigendynamik weiter, welche das ganze Land ergreifen sollte. Überall war die Weltmeisterschaft präsent. Die Medien berichteten vor keinem anderen Ereignis in ähnlicher Dichte. Sponsoren und Organisatoren trugen ihren Teil dazu bei, die Weltmeisterschaft mit ihrer Botschaft in den Köpfen der Menschen zu verankern. Und insgesamt kann von einem der vorteilhafteren Fälle der Gehirnwäsche gesprochen werden, denn der Fußball regierte einfach überall. Im Karneval wie in den Kirchen, auf der Arbeit wie in der Freizeit, in den Medien wie in persönlichen Gesprächen. Das ganze Land dachte rund wie ein Ball, und durch die Nahtstellen des Balles, der auf den Namen „Teamgeist" getauft wurde, schimmerte die Hoffnung auf ein gutes Gelingen des Turniers mit positiven Begleiterscheinungen für das gesamte Land. Wenn sich das Land auch über viele Jahre in einem Dornröschenschlaf befand, so erwachte es doch nun rechtzeitig zu neuem Leben.

Ob Politik dies je vermocht hätte?

10.2 Wundersame Wandlungen

Deutschland spielte aufgrund seiner zentralen geographischen Lage in Europa seit jeher eine gewichtige Rolle. Unser Land ist mehr als lediglich ein „Global Player" im wirtschaftlichen Sektor, denn es hat eine Schnittstellenfunktion zwischen West- und Osteuropa. Nun gehörte es allerdings auch zum Wesen des Landes und seiner Menschen, sich dieser Verantwortung und Funktion eher entziehen zu wollen, als die Herausforderung anzunehmen. Aus der Vergangenheit haben wir zudem gelernt, dass die deutsche Einmischung in kontinentale Konflikte meist in katastrophale Desaster endete, welche auch noch stets von deutschem Boden ausgingen. Keine berauschenden Vorzeichen. Deutschland ist für viele seiner Nachbarn und Beobachter das Land der akribischen und gewissenhaften Wertarbeit, offensichtlich hat sich noch niemand im Ausland die Mühe gemacht und beispielsweise Turnschuhe mit Streifen oder hüpfendem Katzengetieren auf ihre Herkunft hin zu untersuchen, und noch heute erzählt man sich den Witz, ein deutscher Rentner schlucke Herztabletten und gehe arbeiten, während seine italienischen und französischen Altersgenossen mit den Landesspezialitäten und ihren Enkelkindern bewaffnet an den Küsten sitzen und die Sonne im Meer versinken sehen. Wirtschaftswachstum und Wertarbeit, Fräuleinwunder und Weißwurst, Biernebel und Holzbänke, Sauerkraut und Würstchen, das waren die Schlaglichter deutscher Kultur im Ausland und eigentlich nahm niemand in unserem Land an diesen Vorurteilen wirklichen Anstoß, zumal nach einem deutschen Sprichwort nichts über ein „gesundes" Vorurteil gehe. Immerhin waren die Pickelhauben aus Kaiserzeiten in den Karikaturen verschwunden, aber man konnte sich schon einmal nach den Landesflaggen fragen. Waren die nicht etwa doch Weißblau?

Wenn man in der jüngeren Vergangenheit als Deutscher im Ausland die eigene Herkunft nicht verleugnete, dann wurde man entweder als „Nazi" beschimpft oder von der mallorcinischen Polizei in eine Ausnüchterungszelle entsorgt. Deutsche Fahnen waren nicht vorzeigbar, ohne sich einem Zeigefinger seines Gegenübers entgegen zu sehen, was folglich zum schnellen Einrollen des nationalen Symbols führte. Alles in allem verstaubten die schwarz-rot-goldenen Insignien auf den Dachböden deutscher Reihenhäuser oder wurden lediglich mal kurz geschwenkt, wenn irgendein Bundeskanzler seinen Zapfenstreich feierte und diesen überzog oder Steffi Graf einen ihrer unzähligen Tennistriumphe feierte, während Formel 1 Pilot Michael Schumacher im roten Ferrari die Rennen als Erster zu beenden pflegte. So richtig kam die Lust auf Deutschland aus den verschiedensten Gründen nicht auf. Sieht man einmal von den Fahnenmasten in den Schrebergärten des Ruhrgebietes ab.

Selbst die Politik sah sich hier auf den Plan gerufen und stieß eine Patriotismusdebatte ohne tieferen Sinn und Verstand an, der auch noch eine „deutsche Leitkultur" quasi flankierend an die Seite gestellt wurde. Wenn einem schon nichts Sinnvolles einfällt, dann versucht die Politik eben sich und das eigene Ansehen im Ausland zu massakrieren. Eine „multikulturelle Gesellschaft" funktioniere nur unter dem, nennen wir es einfach mal, „Primat des Deutschtums". Darüber empfehle ich nicht weiter nachzudenken, denn ich möchte am Ende des Tages von Ihnen nicht dafür verantwortlich gemacht werden, dass Ihr Denken nachhaltigen Schaden nimmt. Ich glaube eher, durch didaktische Fehlleistungen von Parteien und ihren Vertretern ist das, was wir Nationalstolz nennen mögen, zunehmend eher zerstört als aufgebaut worden. Einzig der Kampf gegen die rechtsgerichteten Geistlosen mit ihren Hasstiraden wird aufgenommen, wobei es immer noch an einer Strategie zum schlussendlichen Sieg über die braune Brut mangelt. Wenn es zu einer zentralen Forderung an die Politik heute gehört, dass sie dafür Sorgen trage, der Staat solle sich auf seine Kernkompetenzen zurückziehen, dann möge man diese Forderung auch dahingehend ausweiten, Politik und ihre Protagonisten sollten sich doch nur dann laut äußern, wenn sie Sinn stiftendes zu einem Themengebiet beizusteuern hätten. Eine Patriotismusdebatte fängt vielleicht ein paar Wähler, die man am rechten Rand zu verlieren droht, eine zukunftsweisende Strategie entwickelt sich daraus mit ziemlicher Sicherheit nicht. Umso unverständlicher war es, als die Christdemokraten mit einem Gefasel von der Liebe zum eigenen Vaterland auf Menschenfang gingen. Gleichzeitig ist das „Projekt der multikulturellen Gesellschaft" für beendet erklärt worden. In welchem Ausmaß hierdurch der rechte Rand des Parteienspektrums gestärkt worden ist, mag heute noch nicht ersichtlich sein. Wohl kann dem Verweis, man wolle sich mit Rechtsradikalen auf argumentativer Ebene auseinandersetzen, Folge geleistet werden, allerdings muss dies doch dann dergestalt geschehen, dass man eindeutige

Gegenpositionen zu den zentralen Forderungen der Rechten einnimmt. Aus ein und demselben Horn kommen nun einmal bei identischer Nutzung die gleichen Töne. Dabei spielt es keine Rolle, aus welchem Parteibuch die „Notenblätter" entstammen.

Zur Aufgabe der Demokratie zählt es auch, sich gegen seine Gegner zu verteidigen. Mit „wehrhafter Demokratie" umschreibt man einen Zustand sehr gerne, den niemand mehr wirklich herbeiführen mag. So hat es zumindest den Anschein. Wahrscheinlich versäumte die Demokratie in den vergangenen Jahrzehnten eher ihren Auftrag zur politischen Bildung. Elisabeth Noelle-Neumann, die langjährige Leiterin des Institutes für Meinungsforschung in Allensbach am Bodensee, jedenfalls äußerte sich vor einigen Jahren in diese Richtung. Mit der Wahrnehmung dieses Auftrags hätte vieles verhindert werden können, was gerade nach der Wiedervereinigung in Teilen des Landes Urständ feierte. Politik, die sich einem Autismus gleich, in sich selber zurück zieht, wird niemals die Mehrheit der Menschen erreichen können und immer darauf vertrauen müssen, dass die Bürger ihre eigene Haltung grundsätzlich niemals verändern und antidemokratisch votieren. Ein zugegebenermaßen dünnes Eis, angesichts hoher Arbeitslosigkeit und finanzieller Schieflage der Sozialen Sicherungssysteme.

Im Zuge der Weltmeisterschaft zeigte sich wiederum der glückliche Umstand, dass sich die Politik auf die Menschen in Deutschland verlassen kann. In einem schier unvorstellbaren Maß solidarisierten sich Menschen mit ihrem Land und ermöglichten der Politik und ihren Vertretern somit, sich in der Stimmung der eigenen Bürger zu sonnen. Spätestens jedoch, wenn niemand in der Politik einen Gedanken daran verschwendet, dass diese Begeisterung nicht zwangsläufig auf private Zufriedenheit und Zustimmung zu den politischen Verhältnissen zurück zu führen ist, beginnt die Problemspirale erneut. Die kommenden Wahlen werden zeigen, ob sich Vertreter der Rechten in ostdeutschen Landtagen erneut in den Schoß des politischen Systems niedersetzen, welches sie eigentlich mit allen Mitteln zu bekämpfen suchen. Wundersame Wandlungen sind eben nur von kurzer Dauer, wenn mit ihren Pfunden nicht gewuchert wird und man letztlich denen das Feld überlässt, die die Flamme des Hasses schüren. Hiervor warnt schon seit Jahren der Göttinger Politikwissenschaftler Bassam Tibi völlig zu Recht.

Im Vorfeld der Weltmeisterschaft war sicher nicht zu unrecht befürchtet worden, dass die Weltmeisterschaft von einigen für politische Kundgebungen oder Gewaltausbrüche genutzt werden könnte. Rechte Aufmärsche oder gar Schlägertrupps wären nicht zum ersten Mal mit grölenden Parolen um die Häuser gezogen, um alle zu greifen, die nach Ihrer Einschätzung nicht aussahen wie Ihrer Meinung nach deutsche Staatsbürger auszusehen hätten. Aufgrund der Vielzahl ausländischer Gäste wäre die „Trefferquote" ungleich höher gewesen als sonst, aber alle negativen Befürchtungen und Vermutungen endeten am 9. Juni 2006, dem Tag des Eröffnungsspiels der Fußball-Weltmeisterschaft in Deutschland.

10.3 Der Druck der Straße

In München trafen sich am Nachmittag des 9. Juni 2006 die Mannschaften des Gastgebers und Costa Ricas zum Eröffnungsspiel der Fifa-Endrunde. Nach schwierigem Beginn setzte sich die deutsche Mannschaft letztlich völlig verdient mit 4-2 Toren gegen den Außenseiter durch und entfachte bereits am ersten Abend der Weltmeisterschaft mit diesem Sieg eine wahre Jubelarie im Land. Was vorher als Werbegag von Sponsoren und Medienpartnern angesehen worden ist, wurde in den kommenden vier Wochen zu einem wieder auferstandenem nationalen Symbol. Allüberall sah man Deutschlandfahnen, die im Jubelrausch der Gefühle geschwenkt wurden und den Menschen ein neues Gefühl der Zusammengehörigkeit vermittelten. War es zu Beginn der Jubel über einen Sieg der Mannschaft, mischte sich in der Folge immer lauter der Ruf nach eigenem nationalem Stolz in die Gesänge der Menschen, wodurch „Deutschland“ vom Gastgeber der Weltmeisterschaft zu einem „neuen“ Symbol für die eigenen Menschen mutierte. Abertausende, ja Millionen Menschen säumten die Straßen des Landes und zu den beeindruckendsten Bildern gehörte die Szenerie in der Berliner Fanmeile, als die Straße des 17. Juni zwischen dem Brandenburger Tor und der Siegessäule einem schwarz-rot-goldenen Fahnenmeer glich. Die Menschen in Deutschland waren erwacht und hatten ihre eigene Identität und ihren Stolz wiederentdeckt. Selbst unsere ausländischen Mitbürger schwenkten deutsche Fahnen und bekundeten damit ihre Zugehörigkeit zur deutschen Gesellschaft. Dies musste wiederum eine schallende Ohrfeige für alle jene sein, die gegen die multikulturelle Gesellschaft zu wettern begonnen hatten. Vielfach bekennen sich offensichtlich mehr ausländische Mitbürger zu den Grundwerten unserer Gesellschaft, zu unseren nationalen Symbolen und unserem Grundgesetz, als sich Politiker zu ihnen bekennen. Eine überaus traurige Botschaft eines eigentlich sehr erfreulichen Ereignisses.

Deutsch zu sein, wurde wieder „In“ und es fanden sich immer mehr Menschen, die sich zu den Symbolen des Landes erneut bekannten. Selbst die Regierung rieb sich verwundert die Augen und sparte nicht mit Lob für die eigenen Menschen. In Wirklichkeit fragte man sich wahrscheinlich in den Zentren der Macht, wie dies passieren konnte und warum man auf diese Situation erneut nicht vorbereitet war. Die Antwort hierauf kann nur lauten, dass die Politik erneut das tat, was sie immer zu tun pflegte. Sie unterschätzte die Menschen in Deutschland und so etwas kann nur passieren, wenn man sich von den eigenen Menschen mehr und mehr entfernt.

In Deutschland leben Menschen, die sich in ihrer überwiegenden Mehrzahl nicht nur an die Gesetze gebunden fühlen, sondern die darüber hinaus ein Bekenntnis für ihre (neue) Heimat ablegen. Deutlicher konnte die Botschaft kaum sein, deren Resultat einleuchtend sein muss, dass nämlich die meisten derer, die das Grundgesetz und die Werte des Landes bekämpfen eher Deutsche und nicht zwangsläufig Ausländer sind. Aber das will niemand so wirklich wahrhaben und man vermutet, dass Teile der Politik auf politisch motivierte Anschläge von Ausländern hofft, um ihr Weltbild zurechtzurücken, welches sich offensichtlich kaum mehr haltbar auf die Realität im Land übertragen lässt.

Mit dem Stolz auf das eigene Land verbindet sich die Hoffnung auf eine zukunftgerichtete Gemeinschaft, die sich gegen jeden zur Wehr setzen muss, der in die Vergangenheit blickt und den morgigen Tag dabei außer Acht lässt oder dem Land und seinem Ansehen schadet. Mit den Jubelarien und der positiven Botschaft, die von Deutschen ausging, üben die Menschen Druck auf die Politik aus, endlich den Realitäten ins Auge zu blicken. Deutschland bewegt sich schneller als die meisten glauben. Dies zu begreifen ist Verpflichtung und Auftrag zugleich. Insbesondere für die Politik. Die Menschen in unserem Land sprechen für sich selber, und diese Stimmen müssen einmal gehört werden, wenn man sich auch in Zukunft auf den menschlichen Motor in Deutschland verlassen möchte.

Mit jedem weiteren Sieg der Nationalmannschaft verdichtete sich die Tatsache, dass sich zu dem sportlichen Jubel gesellschaftliche Töne hinzu gesellten, die auf einen neuen und gesunden Nationalismus schließen lassen. Natürlich werden Politik und Parteien in Zukunft darauf verweisen, dies sei immer ihr Ziel gewesen. Aber das ist falsch, denn auch wenn man seitens der Politik keine Einwände gegen einen gesunden Nationalismus haben kann, so wurde dieser keinesfalls jemals eingefordert, ohne aus dieser Forderung ein politisches Instrument für einen letztlich eher halbherzigen Kampf gegen den Rechtsextremismus zu machen. Die Politik bedient sich solcher Instrumente nur dann, wenn diese sinnvoll erscheinen. Ansonsten vertraut man auf die Zivilcourage und den Bürgersinn von Menschen, schiebt die Verantwortung also immer weit von sich weg. Auch in deutschen Gerichten kann man angesichts vielfacher Beispiele so seine Zweifel bekommen, ob der Kampf gegen Rechtsextremismus mit aller Hartnäckigkeit geführt wird. Man munkelt vielleicht nicht zu unrecht, dass „Justitia" lediglich auf dem rechten Auge blind sei. Dann nämlich, wenn man als Falschparker das Gefühl vermittelt bekommt, man werde schärfer bestraft als ein rechtsradikaler Körperverletzer, der sein nationales Gedankengut mit einem amerikanischen Baseballschläger durchzusetzen hofft, nachdem er beim „Griechen an der Ecke" noch soeben gegessen hat. Wirklich einleuchtend waren viele Gerichtsentscheide gegen Rechtsradikale in der Vergangenheit nicht.

Der Druck der Straße zwingt die Politik zu neuem Handeln. Eines dürfte nach dem zurückliegenden sportlichen Ereignis auch dem Letzten klar sein. Die Menschen in unserem Land begreifen mehr, als man ihnen seitens der Politik zutraut. Sie verstanden es, sich rechten Aufmarschierern in den Weg zu stellen. Sie waren es, die den Jubel über sportliche Leistungen entfachten und den Siegesstolz in kultivierte Bahnen kanalisierten. Die Menschen sprechen mit Stolz von „ihrer Mannschaft" und „ihrem Land". Und sie leben diesen Stolz. Ihnen verpflichtet sind alle diejenigen, die sich dazu berufen fühlen, Konzepte für und mit den Menschen zu entwickeln und diese in der politischen Diskussion zum Wohle des Landes und seiner Menschen umzusetzen. Die Menschen entdeckten das Land und seine Symbole als Selbstzweck zur Findung ihrer eigenen persönlichen Identität und der Identität eines Landes, das seine Vergangenheit niemals vergisst, sich jedoch nach vielen Jahrzehnten nun endlich zu emanzipieren weiß. Warum diese Entwicklungen in der Politik in den über fünfzehn Jahren seit der Wiedervereinigung übersehen werden konnten oder aber niemals wirklich wahrgenommen und in die Diskussionen der Politik eingebracht wurden, ist sicherlich nicht nur mir völlig schleierhaft.

Deutschland, der Riese im Herzen Europas, verschlief die ersten fünfzehn Jahre nach seiner staatlichen Einheit. Das Land wälzte sich durch politische und organisatorische Prozesse, die die Innovationsfähigkeit des Landes und seiner Menschen zeitweise völlig lähmte. Politik, Wirtschaft und Medien verstanden es nicht, ein positives Bild des Landes auch für seine Menschen nach innen zu zeichnen, so dass der Einzug einer weit reichenden Depression und Frustration nur eine Frage der Zeit gewesen ist. Wie so oft in der Vergangenheit sind es Schlüsselereignisse gewesen, die neue Richtungen einschlugen. In Deutschland war dieses Schlüsselereignis eigentlich die Wiedervereinigung am 3. Oktober 1990. Doch die Einheit in den Köpfen der Menschen war lange Zeit nicht erreicht, was man an vielen der dargelegten Punkte festmachen kann. Und aus diesem Grund muss man das nationale Schlüsselereignis für die Eröffnung eines neuen Weges, für den gemeinsamen Neustart neu datieren. Es war der Tag des 9. Juni 2006 und die diesem Tag folgenden vier Wochen der Fußball-Weltmeisterschaft in Deutschland. Das Signal der Weltmeisterschaft wirkt nach innen und nach außen. Die Welt schaut erstaunt auf Deutschland, das sich als weltoffener und freundlicher Gastgeber präsentierte. Von Überheblichkeit oder gar Argwohn gegen Ausländer keine Spur. Feierlaune und Freude bestimmte das Bild aller, die den Weg in unser Land gefunden haben, sich nach dem Motto des Turniers auch bei Freunden befanden und gut aufgehoben waren im Kreise eines sich selbst feiernden Landes. Das sollte uns alle motivieren, unserem Land neue Impulse zu geben. Wenn zudem eine englische Zeitung von „unseren angelsächsischen Brüdern" berichtet, wie es „The Guardian" während der Weltmeisterschaft mit Blick auf die Stimmung der Menschen tat, dann hat sich auch etwas im Deutschlandbild des Auslandes verändert. Dann werden die Menschen wieder gerne zu uns kommen und Deutschland wird ein noch mehr ge- und beachtetes Mitglied der internationalen Staatengemeinschaft, dem man nicht mehr ausschließlich mit Vergangenheitsverweisen begegnet. Dies alles begann am 9. Juni 2006, dem Tag des Eröffnungsspieles der 18. Fußball-Weltmeisterschaft. An einem Sommernachmittag in München. In der Stadt, in welcher sich seinerzeit die Nazibewegung begründen und versammeln konnte. Das ist Vergangenheit, auch wenn diese niemals vergessen werden darf. Der 9. Juni 2006 ist der eigentliche Tag der Deutschen Einheit! Der Tag, an den wir uns noch lange erinnern sollten. Dieser Tag war der Aufbruch unseres Landes in das neue Jahrtausend.

IV. Schlussteil

Nun sitze ich hier im September des Jahres 2006 und frage mich, warum ich dieses Buch überhaupt geschrieben habe? Sicher ist das Eine, ein Buch sollte immer gelesen werden, also trage ich mich mit der Hoffnung, dass sich viele Leser von dem angesprochen fühlen, was hier nun binnen weniger Tage zu Papier gebracht worden ist. Die Weltmeisterschaft ist zu Ende gegangen und dennoch liegt ihre Aura über dem Land. Menschen, die sich vorher kaum vorstellen konnten, mit einer deutschen Fahne durch die Straßen zu ziehen, fahren immer noch mit den Autofähnchen an ihren Fahrzeugen in den Auslandsurlaub und es ist sehr schön anzusehen, dass niemand mehr seine eigene Nase darüber rümpft. Die Botschaft von einem freundlichen Deutschland, das sich richtig in eine internationale Gemeinschaft einordnen kann, ist offensichtlich angekommen. Und es bleibt zu hoffen, dass dies auch über den Tag hinaus andauern möge. Die Weltmeisterschaft hat die Menschen in Deutschland aus einem Schlaf herausgeholt. Dieser Schlaf lautete auf den Namen „Identitätslosigkeit". Dieser ist nun vorbei, und die Dosis zur Erweckung eines ganzen Landes war nur durch den Transport, bestehend aus sportlicher Euphorie und Begeisterung, in ein gesellschaftliches Verständnis der Menschen für ihr Land, ihre Heimat und deren Symbole möglich. Es ist erstaunlich wie wenig dies von der Politik des Landes angestoßen werden konnte und ebenso verstehe ich nicht, wie sehr sich nun Politiker und Parteien in dieser neuen Aufbruchstimmung sonnen. Es waren nicht sie, die den entscheidenden Impuls gegeben hatten, es waren ein paar Fußballspieler und ein Trainer namens Jürgen Klinsmann, die ein positives Lebensgefühl transportierten und die Fans und Schaulustigen einer positiven Epidemie gleich anzustecken wussten. Das „Wunder von Bern", der legendäre erste WM-Sieg der deutschen Mannschaft im Finale gegen die seinerzeit scheinbar übermächtigen Ungarn im Jahr 1954 fand nun seine legitime Fortsetzung und es scheint hierbei nicht wichtig zu sein, ob die Mannschaft nun den Titel gewann oder mit dem dritten Platz ein immer noch außerordentliches und sehr respektables Ergebnis erzielt hat, welches niemand mit einer solchen überzeugenden Spielweise erwartet hätte. Auch ein „Weltmeister der Herzen" hat seinen völlig legitimen Platz in der Ahnengalerie der ganz Großen im Sport. Scheinbar muss nicht immer der Erste den Sieg davontragen. Eine gute Erkenntnis, gerade auch deshalb weil sie keine neue ist, allerdings immer wieder Wahrheit wird. Vielleicht werden wir alle eines Tages unsere individuellen Meinungen zu gewissen Themen überdenken müssen, um uns einen neuen Standpunkt zu verinnerlichen. Das ist menschlich und aus diesem Grund gehört dies zu unser aller Entwicklung ebenso wie zu der Weiterentwicklung eines Landes, das erst jetzt den Weg in seine Zukunft gefunden zu haben scheint.

Hier gehört es auch zur Natur der Sache, dass Politik dies freilich anders sieht. Man mag ihr zubilligen, dass sie es nach der Deutschen Einheit über eineinhalb Jahrzehnte niemals unversucht ließ, das Land zu reformieren. Dabei jedoch schien sie völlig außer Acht gelassen zu haben, dass sie sich erst einmal selber reformieren muss, um aus alten Strukturen herauszukommen. Denn die Offenheit für Neues fehlt den Regierenden und den Opponierenden in Berlin und anderswo in unserem Land gleichfalls. Politik wird immer nur eingeengt in Sachzwängen agieren können. Der zentrale Sachzwang ist in dieser Zeit der chronische Geldmangel in den öffentlichen Haushalten. Eine richtige Konsequenz zur Verbesserung der Situation ist natürlich die Verbesserung der Einnahmenseite, das wird niemand ernsthaft verneinen können. Wenn allerdings die Ausgabenseite unangetastet bleibt und eher noch erhöht wird, dann stimmt etwas in diesem Land nach wie vor nicht, auch wenn im kommenden Jahr nach Meinung der Bundesregierung die Stabilitätskriterien von Maastricht zur Abwechslung einmal wieder eingehalten werden. Dann werden wir auch in den kommenden Jahrzehnten Zuschauer der Verteilungswettkämpfe werden, an denen sich immer die Allerwenigsten bereichern und beinahe alle mitzahlen müssen. Angesichts dieser Konzeptionslosigkeit muss eben vermutet werden, dass die Deutsche Einheit für die Politik ein einem völligen „Schicksalsschlag“ vergleichbarer historischer Akt gewesen sein muss, auch wenn man dies stets auch heute noch verneinte. Altkanzler Helmut Kohl wollte die Einheit vielleicht immer, allerdings konnte er mit seinen Mitstreitern mit dieser nicht mehr anfangen, als sie eher schlecht als recht zu organisieren und damit mehr Chaos anzurichten, als dies notwendig gewesen wäre. Die Jahre seiner Kanzlerschaft werden auch aus diesen Gründen, trotz seines verdienten Einzuges in die deutschen und europäischen Geschichtsbücher, immer einen Schatten mit sich tragen. Die Versuche während seiner langen Regierungszeit, andere auszugrenzen, endeten damit, dass er sich selber eingrenzte und schließlich in dem Geflecht, welches er über Jahrzehnte aus Interessen und Lobbyisten, aus Gefolgsleuten und Journalisten, aus Mitarbeitern und Gegnern aufbauen konnte, stolperte und letztlich dem entscheidenden Konflikt mit dem Gesetz nur dadurch entgehen konnte, dass er dafür bezahlte. Solange er die Hintermänner und Spender aus der großen Affäre seiner Partei verheimlicht, kann man ihn nicht mehr ernst nehmen. Ich erinnere mich noch an gezielte Journalistenanfragen, die Kohl vor laufenden Kameras seiner selbst entrücken ließ und er den Fragesteller wie seine Auftraggeber zu Vaterlandsverrätern abstempelte. War er es nicht, der die Gesetze seines Landes verraten oder zumindest nicht punktgenau, wie man es von einem führenden Politiker eigentlich erwarten sollte, befolgt hat? Darf ein Politiker über allem stehen und damit auch noch ungeschoren davonkommen? Natürlich darf er das nicht, doch Kohl bleibt nach wie vor in einer komfortablen Position, zumal noch heute viele Schaltstellen der Macht mit Menschen besetzt sind, die seinen Netzwerken entstammten. Neben seinen politischen Verdiensten um die europäische Einigung und vor allen Dingen die deutsch-französische Aussöhnung – man denke hier an den Händedruck mit Francois Mitterand in Verdun – wird diese Affäre in Erinnerung bleiben. Von Erfolg dürfen seine Ausflüchte letztlich ebenso wenig gekrönt werden wie vom Vergessen der Menschen, die sich in einigen Jahren nur noch schemenhaft an den großen Kanzler erinnern werden.

Seinem Nachfolger, Gerhard Schröder, wird das Stigma des Lebemannes und Politzockers anhängen bleiben, der am Ende auf ein Blatt setzte, mit dem er nicht gewinnen konnte. Schröder, selber von der Macht berauscht und betrunken von seiner Medienwirksamkeit, verdrängte einfach den Zeitpunkt, an dem er eine Niederlage einstecken musste und verschwand zu dem russischen Unternehmen Gazprom. Als neuer Aufsichtsratsvorsitzender darf er nun ein üppiges Gehalt einstreichen und von den politischen Entscheidungen profitieren, die er gemeinsam mit seinem persönlichen Freund, dem russischen Staatspräsidenten Wladimir Putin, getroffen hatte. Dem Mann ist sicher zu gratulieren, denn wer von uns wäre nicht gerne in einer solchen Situation? Die Frage nach dem Preis, den wir hierfür hätten zahlen müssen, würde uns dennoch wieder zweifeln oder nachts kaum noch schlafen lassen. Schröder regierte das Land sieben Jahre lang in den völligen Stillstand hinein und erst gegen Ende seiner Regierungszeit zeigte er reformerische Ansätze mit der Agenda 2010, als es für ihn bereits zu spät gewesen ist. Ihm gelang es dennoch einmal, wiedergewählt zu werden, ohne hierzu das geringste politische Thema im Wahlkampf heranziehen zu müssen. Es war sein medienwirksames Auftreten während und nach einer Naturkatastrophe wie der Flut an Oder und Elbe, die insbesondere die Menschen schädigte, welche in vielen Fällen ohnehin nicht zu den Gewinnern der Deutschen Einheit gezählt werden konnten. Also gab er einigen Oderanrainern das, was ihnen sein Vorgänger nicht geben konnte oder wollte, nämlich finanzielle Unterstützung, um die persönlichen Lasten erträglicher zu gestalten. Ein geradezu einzigartiger Zufall von persönlichem Glück für den amtierenden Regierungschef in Deutschland. Da mussten die Menschen in unserem Land einfach denken, der Mann werde es nun, nachdem er eine vierjährige Amtsperiode verstreichen ließ, endlich richten. Mit ruhiger Hand und einer valiumhaltigen Politik, die eigentlich keine war und eher an ein Umherirren erinnerte. Die Agenda 2010, sie verpuffte einfach in ihrer eigentlichen Zielrichtung einfach und es bedurfte erheblicher Nachbesserungen, um sie dennoch von den Koalitionären der heutigen Regierung auf den Weg zu bringen und durchzusetzen. Die Ökosteuer und beispielsweise das Dosenpfand führten zu Mehrabgaben und einer zusätzlichen organisatorischen Verwucherung des Landes und seiner Behörden. Die Hartz-Gesetze waren voller volkswirtschaftlicher Fehlannahmen und beschäftigungspolitisch unwirksam, die Arbeitslosigkeit stieg ins Unermessliche und der Kanzler der Sozialdemokraten machte schließlich nichts anderes als diejenigen zu bekämpfen, die er zu seinen Stammwählern zählen musste, die „Kleinen Leute" eben. Es war nur eine Frage der Zeit, bis sich dies rächen sollte und so war der Zeitpunkt wesentlich weniger verwunderlich als das Ergebnis, das den Kanzler noch mit einem blauen Auge davonkommen ließ, auch wenn er sich bei seinem Auftritt in der „Berliner Runde" selber völlig ins Abseits manövrierte. Manchmal ist die Geschichte einfach ungerecht, letztlich, wie der „Fall" Gerhard Schröder verdeutlicht, ist sie es nicht. Mit seinem Außenminister, dem eigentlichen und einzigen „Polit-Star" der Bündnisgrünen, Joschka Fischer, hielt er sich aus einem Krieg heraus, den eigentlich auch niemand wollte, außer eben dieses amerikanischen Cowboys im Weißen Haus, dessen Amtszeit glücklicherweise bald enden wird, auch wenn sie schon viel zu lange andauert. Noch einmal zur Erinnerung: Osama Bin Laden, der Terrorist, dem die ganze Aktion galt, erfreut sich wahrscheinlich immer noch bester Gesundheit in irgendwelchen afghanischen Höhlen und wenn er wieder mal ein Video drehen will, dann ist dies erfolgreicher als ein Clip der Popikone Madonna auf dem Musiksender MTV. Ganz zu schweigen von den politischen Auswirkungen, die von einem solchen Bilddokument und Lebenszeichen des Mannes ausgehen. Machtpolitik, die unwirksam verpuffte und Abertausenden Unschuldigen Menschen hüben wie drüben das Leben kostete. Ich empfehle hierzu nachdrücklich die Lektüre der Bücher Jürgen Todenhöfers. Selbst wenn deutsche Soldaten offiziell nicht zur „Achse des Guten“ zählten, so war die Bundeswehr, wie wir heute wissen, zumindest inoffiziell an dem Unternehmen „Desert Storm“ beteiligt. Dies alles eben auch in der Amtszeit des Gerhard Schröder.

Schröders Nachfolgerin, die nun ein Jahr im Amt ist, Angela Merkel, ist die erste Frau, die je Kanzlerin Deutschlands geworden ist und nach Meinung des amerikanischen Wirtschaftsmagazins „Forbes“ die momentan mächtigste Frau der Welt, noch vor der amerikanischen Außenministerin und „Bush-Souffleuse“ Condoleezza Rice. Das Land hat sich weiterentwickelt, wie mir scheint. Ihre Kanzlerschaft entsprang einer natürlichen Entwicklung, denn der Kronprinz Helmut Kohls, der heutige Innenminister Wolfgang Schäuble, war ebenfalls in die Spendenaffäre seiner Partei verstrickt und kam somit nicht mehr für das bedeutendste politische Amt des Landes in Frage. Wahrscheinlich wäre auch seine Fesselung an den Rollstuhl, eine Folge eines schlimmen Anschlags auf sein Leben, problematischer geworden als wir dies denken mögen. Angela Merkel besitzt nun die Möglichkeit, in einer Großen Koalition die Dinge auf den Weg zu bringen, die das Land für die Zukunft sichern sollten. Leider zerstreitet man sich lieber innerhalb der Koalition, als mit den ihr übertragenen Aufgaben fertig zu werden. Momentan munitionieren sich die beiden Partner wieder und werden sich im kommenden Bundestagswahlkampf erneut unversöhnlich gegenüberstehen, wenn beide Parteien nämlich versuchen, die Menschen von ihrer eigenen Sach- und Fachkompetenz zu überzeugen. Das ist das Gute an unserem Regierungssystem, denn die Regierenden müssen sich immer wieder beweisen und den Menschen stellen. Noch hat niemand ein besseres politisches System erfunden, also sollte man auch die Finger davon lassen und beispielsweise auch Wahlperioden nicht einfach verlängern. Das wäre schlicht kontraproduktiv und würde zur erneuten Politikverdrossenheit und einem vermehrten Wählerschwund führen. Auch wenn die Parteien uns in diesem Punkt etwas anderes weiß machen wollen, denken Sie nur einmal über die Verlängerung der Wahlperiode nach und wie Sie persönlich dazu stehen? Die Große Koalition wird zerbrechen und die alten Lager werden nach der kommenden Bundestagswahl erneut zueinander finden. Einzig der heutige SPD-Vorsitzende Kurt Beck, der lange eine Koalition mit der FDP in Rheinland-Pfalz anführte, könnte in der Lage sein, eine Verschiebung der offenkundigen Grenzen zwischen den Parteien herbeizuführen. Das Wort einer Ampelkoalition macht ebenfalls erneut die Runde. Wir dürfen einmal gespannt abwarten und nicht unbedingt damit rechnen, dass die Merkelregierung bis ins Jahr 2009 halten wird. Keine Angst, wir werden keine italienischen Verhältnisse in Deutschland bekommen, die Haltbarkeit von Regierungen hängen letztlich an ihren politischen Entscheidungen und nach einer Reihe falscher Weichenstellungen werden auch eines Tages wieder die richtigen Wege eingeschlagen. Ich hoffe, dass wenigstens meine heute sechsjährige Tochter dies erleben wird.

Wenn die Politik von den Menschen immer und immer wieder verlangt, dass sie sich anpassen müssen und mit neuen Lebensverhältnissen klarkommen sollten, dann muss diese Aufforderung auch zurück an die Politik gehen. Politik und politische Parteien müssen sich inhaltlich und personell weiterentwickeln, damit sie in Deutschland nicht das bleiben was sie sind, nämlich Verbände, die eher auf Blutsbrüder- und Nachkommenschaft schließen lassen und weniger auf die Weiterentwicklung des politischen Denkens und der politischen Positionen. „Wenn alle dasselbe denken, dann wird nicht mehr viel gedacht", erinnern wir uns und erinnern wir die Parteien an diesen Satz des ehemaligen Bundesministers und Generalsekretär der CDU Heiner Geißler. In unserem Land hat dies in den letzten Jahren dazu geführt, dass sich die Menschen schneller anpassten als sich Politik in irgendeine Richtung bewegte. Hierdurch entstand ein Effekt, der die Politik den Menschen folgen ließ und nicht mehr umgekehrt. Das kann den Regierenden nur solange gefallen wie sie selbst und persönlich mit den positiven Veränderungen in Verbindung gebracht werden. Da dies nicht geschehen ist, muss sich die Politik in Deutschland neue Wege suchen, die sie den Menschen nachfolgend als die richtigen Wege aufzeigen kann, sonst überleben sich schlussendlich die heutigen Protagonisten in allen Parteien selber und stärken diejenigen, die es mit allen Mitteln politisch und inhaltlich zu bekämpfen gilt. „Wehret den Anfängen", dieser Aufruf darf nicht nur für die Bürger gelten, er muss auch an die Ohren derer gelangen, die manchen ewig Gestrigen die Felder bestellen und die Wege ebnen, auch wenn sie dies eigentlich ganz und gar nicht wollen. Politik, und gerade Politik in Deutschland, muss die Schwere der Geschehnisse aus der Vergangenheit im Auge behalten, wenn sie sich auf den Weg in die Zukunft machen will. Die Menschen in Deutschland wollen nicht mehr ideologisch vergiftet werden, das gilt für die eine Seite der politischen Gesinnung genauso wie für die andere. Die Menschen wollen von der Politik Signale, durch welche der eingeschlagene Weg erkennbar wird, und wenn die Politik dies nicht mehr vermag, dann gehen die Menschen einfach selber los und setzen Zeichen wie im Sommer dieses Jahres auf den Straßen und Plätzen des Landes. Wir durften dies während der Fußball-Weltmeisterschaft unlängst erleben. Die Deutschen zu Beginn des 21. Jahrhunderts definieren sich einfach nicht mehr als Schicksalsgemeinschaft mit einer immensen Last auf den Schultern, die Vergangenheit heißt, denn das Leben und Denken in der Vergangenheit hat noch niemanden wirklich weiter gebracht.

Vielleicht sollten wir uns einmal in eine Zeitmaschine setzen, die Augen schließen und in das Gestern und das Morgen reisen. Mit verwunderten Augen würden wir feststellen, wie die Menschen in unserem Land als Gefangene ihrer Zeit dennoch das Beste aus dem zu machen suchten, was ihnen das betreffende Zeitalter jeweils ermöglichte. Glauben Sie im Ernst, dass Millionen junger Männer mit Freude auf die Schlachtfelder gezogen sind und mit einem Lachen auf den Lippen in den Schützengräben bei Verdun oder im Kessel von Stalingrad starben? Kann man sich ernsthaft denken, Hungersnöte wie zu Zeiten der Weimarer Republik, hätten die Menschen fester zusammengeschweißt? So wenig wie wir uns heute noch vorstellen können, wie groß das individuelle Leid und das einer ganzen Bevölkerung in jenen Jahren war, ist doch eines gewiss, die damals lebenden Menschen hätten sich nach einem Leben in Frieden und Freiheit ebenso gesehnt wie wir heute nun dankbar sind und dankbar sein dürfen ob unserer späten Geburt. Gerade wir Deutschen sollten uns genaue Gedanken darüber machen, wer wir sein wollen, weil wir nicht mehr so sind wie einige von uns einmal waren. Das „Wunder von Deutschland", es geschah nicht wie die wundersame Brotvermehrung im Neuen Testament, es entwickelte sich aus der jüngeren Geschichte unseres Landes heraus, denn wir haben verstanden, wie wertvoll unsere Herkunft ist und wie kostbar diese Herkunft behandelt werden muss, damit wir alle einer friedlichen Zukunft entgegensehen können. Geschichte wird von Menschen gemacht, das haben wir in der Schule gelernt, und wenn wir etwas Sinnvolles aus dem Unterrichtsstoff, den wir eher gelangweilt über uns ergehen ließen als mit Feuereifer bei der Sache gewesen zu sein, mitnehmen wollen, dann ist dies das Verständnis dafür, dass es an uns allen liegt, wie sich das Land, wie sich unsere Heimat bewegt.

Ja, ich bin stolz auf die Deutschen, die sich während der Weltmeisterschaft zu dem bekannten was sie sind. Nein, ich bin kein stolzer Deutscher, denn damit würde ich meinen Stolz über denjenigen anderer Menschen stellen wollen, die ebenso wie ich zu ihrer Herkunft und ihrem Land stehen. Das mag müde belächelt werden, weil gerade in der heutigen Zeit jeder alles besser weiß als sein Nachbar, aber ich glaube nun einmal an den gesunden Menschenverstand und laufe nicht den Meinungen anderer blindlings nach. Vielleicht ist dies der schwierigere Weg, denn ich könnte mich auch in der gemachte Nest von Meinungen und Gedanken legen, die andere bereits lange vor mit ersonnen haben und äußerten, doch wenn alle letztlich dasselbe Denken, dann ist es mit dem Denken nicht mehr weit her. Ich habe großen Respekt vor anderen Standpunkten, solange diese mit vernünftigen und nachvollziehbaren Argumenten vorgetragen werden und genau an dieser Stelle unterscheide ich mich beispielsweise von denjenigen, die sich an den Rändern des politischen Spektrums aufhalten und die Geisteslandschaft eines gesamten Landes zu vergiften suchen, links wie rechts. Sie verschließen ihre Augen vor den Geschehnissen und leugnen unleugbare Tatsachen. Man sollte diesen dann doch eher ins Auge sehen und die richtigen Ableitungen für Gegenwart und Zukunft treffen, damit sich das Geschehene nicht mehr wiederholen kann. Die Deutschen haben sich in den vergangenen Wochen und Monaten ein Stück weit von diesen Geschehnissen distanziert, in dem sie nüchtern auf ihre heutige Identität verweisen, ohne sich hinter ihr zu verstecken. Ein nachhaltigeres Ergebnis kann eine Fußball-Weltmeisterschaft nicht haben.

So behalte ich auch weiterhin die Fahne in meinem Geist, ohne meinen eigenen Verstand in die Trompete rutschen zu lassen und fahre mit ihr durch die Straßen meiner Heimat. Dies jedoch nicht ohne der deutschen Politik ins Stammbuch zu schreiben, dass sie sich einmal bewusst machen sollte, wie hoch ihr Beitrag zu dieser positiven Entwicklung gewesen ist. Ich unterstelle ihr einfach einmal, sie wurde ebenso von der Realität überrollt wie zum Ende der Achtziger Jahre des vergangenen Jahrhunderts, als die Menschen in der ehemaligen DDR für ihre Freiheit und ihre Reiseerlaubnis auch und gerade in westliche Länder demonstrierten. Vergessen wir nicht: sie demonstrierten nicht dafür, Helmut Kohl zu ihrem Kanzler machen zu wollen, dafür sorgte dieser schon selber. Sie gingen auf die Straße, um der Freiheit den Weg zu ebnen. Einer Freiheit, die sie als selbstverständlich erachteten, auch wenn ihnen diese über Jahrzehnte verwehrt worden war.

Die westliche Bundesregierung war es lediglich, die die größere Anzahl „Care Pakete“ in den Osten transportierte, um dadurch die bürgerliche Freiheitsbewegung in eine politische Bewegung zu kanalisieren. Wäre es Helmut Kohl schon sehr schwer gefallen, erneut 1991 als Bundeskanzler wiedergewählt zu werden, muss man einmal über das Argument einer organisierten Erschließung von Wählerstimmen nachdenken. Deswegen führte man die Einheit im Schweinsgalopp durch, auch wenn man sich der Tragweite vieler Dinge nicht bewusst sein konnte. „Ich wollte Deutschlands Einheit“, damit ich wiedergewählt werde. Das könnten Kohls Worte im Kreis seiner Vertrauten gewesen sein, wenige Monate nachdem er in seinem Amt nach den ersten gesamtdeutschen Wahlen zum Deutschen Bundestag bestätigt worden war. Wenn er dabei vergessen hat, die Menschen auf dem Weg zur Einheit mitzunehmen, dann zeugt dies nicht gerade von staatsmännischem Weitblick. Die Kanzlerschaft Helmut Kohls müsste auch aus diesem Grund einer intensiveren Betrachtung unterzogen werden. Zumindest würden bei genauerem Nachdenken hierüber einige Jubelstürme verstummen, wenn der Altkanzler den Saal einer Veranstaltung der Jungen Union oder übrigen Veranstaltungen betritt. Dabei fällt mir ein, dass ich weder Kohl noch seinen Nachfolger Gerhard Schröder auch nur einmal vor einer Kamera gesehen habe, während der Ball durch das Land rollte. Immerhin war es Gerhard Schröder, dessen Bundesregierung das Vorhaben des Deutschen Fußballbundes zur Bewerbung um die

Weltmeisterschaft 2006 nachhaltig unterstützte. Allerdings muss ich einrechnen, dass die offiziellen Bilder von den Ehrentribünen lediglich die beiden ersten Sitzreihen zeigten. Hinter die Kulissen ließen uns die Verantwortlichen des Turniers freilich nicht blicken.

Das „Wunder von Deutschland" entstand in den Herzen von Menschen und äußerte sich in frenetischem Jubel über den Auftritt der eigenen Nationalmannschaft. Als es in den Köpfen angelangt war, da begriffen die Meisten erst welche positive Energie freigesetzt wurde. Diese Energie erfüllte nicht nur das ganze Land, sondern auch alle unsere Gäste, von denen viele wiederkommen werden, denn sie fühlten sich in Deutschland, bei ihren neuen Freunden, gut aufgehoben und gastfreundlich empfangen. Kein Wort über Herkunft und Religion, kein Gedanke an Hass und Feindseligkeit, nicht die geringste Anspielung auf Hautfarbe und Sprache. Nur gemeinsame Feiern, bei denen Alle die Fahnen Aller schwenkten. Der Platz an der Berliner Siegessäule wurde zum Symbol für den Triumph des neuen Denkens über alte und überholte Denkmuster. Durch das Brandenburger Tor schritten keine uniformierten Verbände, sondern es waren die in den Farben ihres Landes gehüllten Fußballfans, die auf dem Pariser Platz von ihren Freunden in Schwarz-Rot-Gold zu einer gemeinsamen Party erwartet wurden. Das alles in Berlin! In der Stadt eines zynischen Kaiserreiches, das ebenso einen Weltkrieg vom Zaun brach wie das „Dritte Reich". Das alles in Berlin, der Hauptstadt des heutigen Deutschlands, das sich verändert hat. In der Weltstadt Berlin, die ihre Freunde zu Gast hatte und sich auch in Zukunft darüber freuen wird, wenn Freunde wiederholt ihre neuen Freunde besuchen werden. Ein Signal der positiven Veränderung für die Gegenwart und Zukunft nicht nur unseres Landes. Schauen wir alle nach vorne und vergessen wir nicht, was einmal war.

Offensichtlich entwickeln wir uns wirklich weiter!

V. Nachwort

Nachdem die Fußball-Weltmeisterschaft beendet ist und das Land langsam wieder zur Normalität zurückkehrt bleibt zu hoffen, dass sich der positive Geist jener Wochen nicht ebenso schnell wieder verflüchtigt wie er über uns Land gekommen ist. Wenn dieses Buch einen kleinen Beitrag zum besseren Verständnis liefern konnte, so habe ich mein Ziel erreicht. Ein positives „Wir-Gefühl" und ein bewusster Nationalstolz finden in der Vergangenheit vieler Länder und Menschen überaus positive Beispiele. Leider ist neben dem Licht auch stets der Schatten erkennbar. Nationalstolz ist oftmals ein schmaler Grat, manchmal ist es nur ein kleiner Schritt hin zu einem überkompensierten Nationalismus, der leicht in einen aggressiven Nationalismus umschlagen kann. Davor möchte ich wie viele andere aus Wissenschaft, Gesellschaft und Politik noch einmal mit allem Nachdruck warnen. Nationalstolz soll die Menschen erfüllen und ihnen Werte vermitteln, die in der heutigen allzu schnelllebigen Zeit manchmal abhanden gekommen sind: „Heimat und Herkunft!"

Beides sind Fundamente für die Zukunft. Wir dürfen nicht den Fehler machen, unsere Heimat und unsere Herkunft zu vergessen, denn wir trieben ansonsten wurzellos durch den Orbit und verstrickten uns in einem Egozentrismus, an dessen Ende die eigene Nabelschau steht, welche im Verbund mit Gleichgesinnten wenig weltoffen sein kann und dies in der Vergangenheit auch niemals war. Solange wir uns nur um uns selber drehen und die Gemeinschaft mit anderen außen vor lassen, werden wir niemals verstehen, welche Vielfalt das eigene Land in Wahrheit bieten kann. Deutschland ist keine „Bananenrepublik", es ist eine „bunte Republik". Deutschland ist ein Sammelsurium kultureller Verschiedenheit, sprachlicher Vielfalt und religiöser wie politischer Freiheit. Deutschland ist ein multikulturelles Zuwandererland, ob wir dies nun wollen oder nicht. Auch wenn uns die Politik teilweise etwas anderes vermitteln will, so werden wir doch niemals unsere Mitbürger ausländischer Herkunft, von denen viele bereits auch in ihrem Innersten Deutsche geworden sind, zur Rückkehr in ihre Heimat bewegen können. Wenn diese Menschen unser Land verlassen, dann verarmen wir in uns selber und ganz nebenbei würden die Sozialen Sicherungssysteme in Ermangelung abertausender Beitragszahler in sich zusammenbrechen.

Das „Wunder von Deutschland“ geht weiter, denn es lebt in diesem Land zwischen seinen Bürgern ebenso wie in den Köpfen aller Menschen, die ein wenig über den eigenen Tellerrand hinausblicken können. Erstaunlicherweise sind es eben die Menschen in Deutschland gewesen, die dies früher akzeptierten als Parteien und Politiker. Wenn nun insbesondere Parteigänger dies anders sehen mögen, dann verweise ich erneut auf die Patriotismusdebatte der Christdemokraten, in deren Zug auch das Projekt der multikulturellen Gesellschaft für beendet erklärt worden ist. Das ist schlicht Ignoranz in Verbindung mit einem kurzsichtigen Wählerfang. Solange sich die Menschen zu den freiheitlichen Grundrechten eines Landes bekennen und die Gesetze des Landes achten, sollten sie auch in einem Land willkommen sein. Daran darf auch eine qualifizierte politische Mehrheit wie im bayrischen Landtag nichts ändern.

Dabei sind es nicht alleine die Christdemokraten, denen hier so manches mit auf den eigenen Weg werden sollte, denn auch andere Parteien verbinden unterschwellige Intoleranz gegen Andere in ihren Aussagen. Es ist doch kein Geheimnis, dass überall dort wo beispielsweise ein „Gleichstellungsbeauftragter“ eingesetzt werden muss, irgendetwas mit der Gleichstellung nicht funktioniert. Und das in einem Land, das sich auf dem Weg in das 3. Jahrtausend befindet? Vielleicht verbirgt sich ein organisierter politischer Wille hinter so mancher inhaltlicher Ungereimtheit. Möglicherweise ist es das neue organisierende Prinzip der Demokratie in Deutschland, dass nicht zu Ende gedacht wird und damit alle Entscheidungen nur kleine Schritte hin zu einem Ziel sind, welches bereits am kommenden Tag wieder neu definiert wird. Und wenn der Politik droht, doch einmal ein Licht am Ende des Tunnels zu finden, dann gräbt sie sich einen neuen Stollen, in dem notwendige und Richtungsweisende Entscheidungen erneut für einen gewissen Zeitraum zu verschwinden drohen. Kann das sein? Vielleicht sollte man über die Subventionskürzung für diese Art des „Bergbaus“ nachdenken.

Nun, ich möchte nicht mit allem Nachdruck behaupten, dies könne nicht so sein. Auch wenn wir Niemandem, schon gar nicht gutgläubigen Menschen in der Politik, einen schlechten Willen unterstellen wollen, so bleibt die Unbeweglichkeit und Erstarrung von Parteien in ihren Strukturen und teilweise unmöglichen „Überzeugungen“ doch bemerkenswert angesichts der großen Probleme und Herausforderungen, die nicht nur auf unser Land in der Zukunft warten, sondern auf jeden einzelnen Menschen. Wenn unsere Volksvertreter ihrem Volk und ihren Wählern verpflichtet sind, dann sollten sie endlich einmal damit aufhören, sich selber zu lähmen. Wenn der Tag gekommen ist, an dem eine neue Beweglichkeit innerhalb der deutschen Politik erkennbar ist und diese auch noch nachhaltig zu sein verspricht, dann findet das „Wunder von Deutschland“ vielleicht seine Fortsetzung. Ich würde es mir ausdrücklich wünschen.

Der kleine Kreis

Sie kamen von allen Kontinenten. Die großen Favoriten, die kleinen Favoriten, die heimlichen und die unheimlichen Anwärter auf den Weltpokal. Sie alle traten mit breiter Brust in unserem Land an, um den Sieg davon zu tragen. Die Meisten sind gescheitert, doch sie werden wieder kommen und einen erneuten Anlauf unternehmen, den Titel zu gewinnen. Fußball ist eben mehr als ein Turnier, Fußball ist mehr als das Leben. Fußball ist Leben! Der Fußball atmet in jedem Stadion auf dem Erdball und auf allen kleinen Plätzen, die den Begeisterten Raum bieten, dem Leder nachzujagen und ihre Leidenschaft in den Dienst einer Mannschaft zu stellen. Fußball ist Kommerz und Lebenselixier zugleich.

Das Spiel bietet über die bloßen Begegnungen hinaus eine Menge. Vielleicht sehen wir dies in einer Konsumgesellschaft etwas anders. Wir, in einem Land, das zu denen auf der Sonnenseite des Globus gezählt werden darf, begeistern uns für den Ball, oder wir lehnen den Trubel ab. Es ist unsere Entscheidung, und das ist auch gut so. In anderen Erdteilen, Landstrichen und Kulturen ist der Fußball vielfach die einzige Möglichkeit, aus dem trüben und tristen Alltag, aus Armut und Hunger, zumindest für die Dauer von 90 Minuten, zu entkommen. Hier erweckt der Fußball Sehnsüchte in den Augen kleiner Kinder. Es sind die Sehnsüchte nach einer Chance, etwas ganz Großes im Leben zu erreichen und vielfach arbeiten Tausende kleiner Kicker mit großer Energie an der Verwirklichung eines Ziels, welches sich anfangs nur in ihren Köpfen abspielt. Es sind Träume, die wahr werden können, wenn sich zum Talent und harter Arbeit auch ein kleines bisschen Glück einstellt. Motivationen werden auch dann gefördert, wenn man den großen Idolen bei der Weltmeisterschaft zuschauen kann und dabei das Gefühl entwickelt, diese spielten ausschließlich für die Menschen im eigenen Land. Oftmals geben die Nationalspieler ihren Ländern etwas zurück, was ihnen von Hause aus mit auf den Weg gegeben worden ist. Die Hoffnung auf eine bessere Zukunft und ein besseres Leben schimmert durch die Nahtstellen des Balles und die Kinder in aller Welt hoffen darauf, durch diese Nähte in das Innere zu gelangen, damit sie an dieser großen Hoffnung teilhaben können. Der Kreis derjenigen, denen der große Wurf gelingt ist verglichen mit der Vielzahl träumender und hart an sich arbeitender Nachwuchsspieler auf dem Globus eher gering, doch der Sport bietet nicht nur ein Betätigungsfeld, er bietet nicht nur Ausflucht und Ablenkung, sondern er gibt den Kindern etwas für das gesamte Leben mit. Positiver Ehrgeiz kann auch in den Alltag übertragen werden und nicht selten entspringt durch den Einsatz eines positiven Ehrgeizes auch der Wunsch, sich selber auf anderen Gebieten voranzubringen. Wenn stets das Beste gegeben wird, dann erarbeitet man sich, egal ob im Spielverlauf oder im realen Leben, seine Chancen. Dann können Tore geöffnet werden, durch die man auch dann gehen kann, wenn die eigene Herkunft dies sonst nicht auf den ersten Blick vermuten lassen würde. So kann ein kleiner Kreis zu einem großen werden. Zu einer Wellenbewegung, die an den Kieselstein erinnert, welcher in einem ruhenden Gewässer zu geradezu ausufernden Wasserbewegungen führt. Fußball soll aufrütteln, und er kann dort Leben einhauchen, wo der Atem der Zeit an Menschen vorbeizugehen droht.

Sehr groß ist mein Verständnis für all jene, die sich von der Weltmeisterschaft abgestoßen fühlen und nicht nachvollziehen können, wie man sich für diesen Sport mit einem einzigen Ball und zwei Toren begeistern kann. Aber auch sie sollten einmal darüber nachdenken, welche Bedeutung der Fußballsport außerhalb des Scheinwerferlichts für Menschen hat, denen es nicht so gut geht wie uns selber. Es sind nicht wir, die vor dem Hintergrund dieser Überlegungen im grellen Licht des Suchscheinwerfers umhergehen und einfach unsere Sonnenbrillen vor allzu viel Schein und (Un)Wirklichkeit aufsetzen. Es sind die Menschen in den Ländern, denen dieses grelle Licht inneren Schatten bei dem Versuch spendet, zu einem Teil dieser Lichtquelle zu werden. Wenn man, wie Abraham Lincoln einst sprach, die Schwachen nicht stärken könne, indem man die Starken schwäche, dann gilt dies auch umgekehrt für unser Verständnis und unser Wissen für die Bedürfnisse und Sehnsüchte von Menschen, die in ihrem Leben alles geben müssen, um einfach jeden Tag zu überleben. So schließt sich ein Kreis um einen Globus, der vielleicht heute noch klein ist, jedoch immer größer werden wird.

Danksagung

Ich habe in den vergangenen Monaten und Jahren mit vielen Menschen ausgiebig über politische Themen und verschiedene Sichtweisen auf die Dinge, die ich in diesem Buch ge- und beschrieben habe, diskutiert. Vieles öffnete mir die Augen dafür, auch einmal aus einem anderen Blickwinkel auf gewisse Vorgänge zu schauen, insbesondere nach Unterhaltungen mit Betroffenen zu den vorstehend aufgeführten Zusammenhängen und auch deren Auswirkungen auf den Alltag und das Leben meiner jeweiligen Gesprächspartner. Ich darf an dieser Stelle stellvertretend für viele andere meinen langjährigen Freund Herbert Niesen nennen, der mir über seinen Rat hinaus auch bei der Sichtung von Literatur behilflich war und sinnvolle Anregungen bei der Zusammenstellung der Kapitel geben konnte.

Meinem Bruder Michael danke ich nicht nur für seine Verbundenheit, ich habe auch den allergrößten Respekt vor seiner Stärke, die er in schwierigen gesundheitlichen Situationen stets bewies. Er war mir Vorbild und Kraftquelle zugleich, wenn ich manchmal über die vorzeitige Beendigung dieses Buchprojektes nachdachte. Ihm und allen Menschen möchte ich an dieser Stelle meinen Dank ausdrücken, die mich ermutigten dieses Buch zu schreiben und mir stets als Rat- und Ideengeber zur Seite standen. Ihr alle wisst genau, wer ihr seid!

Ganz besonders möchte ich meiner lieben Kollegin Sylvia Reischert danken, die mir nicht nur als Lektorin wertvolle Ratschläge gegeben hat, sondern auch für die Gestaltung und das Layout dieses Buches verantwortlich war. Von ihrer Zuarbeit lebt dieses Buch ganz besonders. Herzlichen Dank!

Mein Dank gilt auch denen, die mir während meiner eigenen Fechtkarriere stets halfen, den richtigen Weg zu finden. Diese waren insbesondere Verantwortliche und Trainer meines Heimatvereinis, des Olympischen Fechtclubs Bonn. Stellvertretend für viele seien hier meine Trainer Walter Convents, Ralf Süllwald und der leider viel zu früh gestorbene Bundestrainer im Säbelfechten, Boris Stavrev, genannt, aber auch weitere Verantwortliche und Sportler, die den Fechtsport für mich zu einer unvergessenen

Faszination gemacht haben: Jürgen Nolte, Felix Becker, Jörg Kempenich, Ulrich und Peter Eifler, Jörg Volkmann, Axel und Thomas Körner, Gerold und Michael Boch, Roman Kieslinger, Volker Tippmann, Dirk Schiffler, Ansgar und Moritz Quiske, Nicola Hein, Julia Lüth, Arnd Schmitt, Oliver Lücke, Alexander Koch, Andreas Müller, Hellmut und Peter Koch, Thomas und Stefan Theuerkauff, Michael Pauw, Jörn und Sven Koch, Jean-Manuel Megow, Frank Bleckmann, Alexander Koch, Jörg Siebert, Steffen Wiesinger, Michael Schramm, Martin Wendel, Jacek und Michael Huchwajda, Jochen Knieß, Klaus und Paul Wiescheid, Stefan und Johannes Thönnessen, Alfred Scholz, Olaf Kawald, Joachim und Peter Rieg, Joachim Wargalla, Manfred Kaspar und viele, viele mehr.

Noch immer denke ich oft an alle diejenigen aus meinem Lebensumfeld und meiner Familie, welche bereits vor Jahren und teilweise viel zu früh von mir gegangen sind. Viele aus meiner Familie habe ich entweder niemals oder nur sehr kurz kennenlernen dürfen. Das Bewusstsein um ihre Herkunft und das Studium einiger individueller Lebenswege brachten mich erheblich weiter. Zu meinem großen Glück zählen auch meine Eltern, Albert und Doris Möseler. Ihnen ist niemals ein Wort des Neides über die Lippen gekommen, dass es mir heute besser gehe als ihnen selber in jüngeren Jahren. Beide haben erkannt, wie sehr gerade dieser Umstand ein Resultat ihrer fürsorglichen Liebe und ihrer harten Arbeit über viele Jahrzehnte hinweg gewesen ist. Letztlich danke ich denen von ganzem Herzen, die glauben sie seien „the wind at my back". Richtig ist, dass sie der Sturm sind, der mich stets vorantreibt. Was würde ich ohne sie machen?

Für mich unvergessen und in liebevoller Erinnerung bleiben immer Frank Hennen und Ernst Kemmet. Ruhet in Frieden!

Vielen Dank,

Matthias

Über den Autor

Matthias Möseler, geboren 1969 in Bonn. Nach seinem Studium der Politischen Wissenschaften arbeitete er zunächst für verschiedene CDU-Bundestagsabgeordnete in Bonn. Mitte der Neunziger Jahre wechselte er in die Informationstechnologie und arbeitet heute als Geschäftsführer eines mittelständischen Softwareunternehmens. Bis zum Ende seiner Sportkarriere war Matthias Möseler Mitglied der Fecht-Nationalmannschaft. Für den Olympischen Fechtclub Bonn nahm er an zahlreichen nationalen und internationalen Titelkämpfen teil und errang Deutsche Meistertitel in Einzel- und Mannschaftswettbewerben. Matthias Möseler lebt in Bonn.

Seine tägliche Kolumne zur Fußball-Weltmeisterschaft mit dem Titel „Weltmeisterliche Randsichten", wurde auf www.antifussball.de und www.bonnaparte.de veröffentlicht, daneben veröffentlicht und schreibt Matthias Möseler auf seiner eigenen Homepage www.RockTillFinal.de und www.Nicht-Olympische-Sportarten.de.

Hinweise zu weiterführender Literatur

Ackermann, Eduard, „Politiker. Vom richtigen und falschen Handeln“, 1996.

Adams, Ian, „Political ideology today“, 1993.

Adenauer, Konrad, „Erinnerungen“ 4 Bände, 1965-1968.

Arens, Werner und Braun, Hans-Martin, „Die Indianer Nordamerikas“, 2004.

von Arnim, Hans Herbert, „Der Staat sind wir! Politische Klasse ohne Kontrolle?“, 1995.

Ders., „Die deutsche Krankheit: organisierte Unverantwortlichkeit?, 2005.

Assheuer, Thomas und Sarkowicz, Hans, „Rechtsradikale in Deutschland. Die alte und die neue Rechte“, 1992.

Aust, Stefan und Schnibben Cordt (Hrsg.), „11. September 2001. Die Geschichte eines Terrorangriffs“, 2002.

Backes, Uwe und Jesse, Eckhard, „Politischer Extremismus in der Bundesrepublik Deutschland“, 1996.

Bahr, Egon, „Willy Brandts europäische Außenpolitik“, 1999.

Baring, Arnulf, „Es lebe die Republik, es lebe Deutschland“, 1999.

Ders, „Kanzler, Krisen, Koalitionen“, 2002.

Baumeister, Brigitte mit Brück, Dietmar, „Welchen Preis hat die Macht?“, 2004.

Beckmann, Reinhold und Fassbender, Heribert (Hrsg.), „Die deutsche WM-Geschichte“, 2006.

Biermann, Christoph, „Meine Tage als Spitzenreiter“, 2004.

Ders, „Fast alles über Fußball“, 2005.

Bitterli, Urs, „Die Wilden und die Zivilisierten“, 2004.

Bisky, Lothar, „Wut im Bauch: Kampf um die PDS, 29. November bis 7. Dezember 1994“, 1995.

Blüm, Norbert, „Unverzagt und unverblümt: Menschliches und Allzumenschliches“, 2002.

Boning, Wigald, „Unser Land soll schöner werden. Das Programm für Deutschland“, 1998.

Bracher, Karl Dietrich, „Die Auflösung der Weimarer Republik“, 5. Aufl. 1971.

Ders, „Die deutsche Diktatur“, 5. Aufl. 1976.

Ders, mit M. Funke und H.-A. Jacobsen (Hrsg.), „Nationalsozialistische Diktatur Eine Bilanz“, 1983.

Brandt, Willy, „Erinnerungen“, 1989.

Bryson, Bill, „Streiflichter aus Amerika. Die USA für Anfänger und Fortgeschrittene“, 2002.

Bucerius, Gerd, „Der Adenauer. Betrachtung eines unbequemen Zeitgenossen“, 1976.

Bumb, Christoph, „Deutscher Weg und neues Selbstbewusstsein?“, 2005.

Bullock, Alan, „Hitler und Stalin. Parallele Leben“, 1991.

Butterwegge, Christoph, „Rechtsextremismus“, 2002.

Ders, „Krise und Zukunft des Sozialstaates“, 2005.
Ders. und Isola, Horst (Hrsg.), „Rechtsextremismus im vereinten Deutschland“, 1990.
Carter Jr. James Earl „Jimmy“, „Unsere gefährdeten Werte. Amerikas moralische Krise“, 2006.
Ders. „A Government as Good as its People”, 1977.
Czempiel, Ernst-Otto, “Weltpolitik im Umbruch. Die Pax Americana, der Terrorismus und die Zukunft der internationalen Beziehungen“, 2003.
Dahrendorf, Ralf, “Die Chancen der Krise: über die Zukunft des Liberalismus”, 1983.
Ders, „Fragmente eines neuen Liberalismus“, 1987.
Ders, „Liberale und andere: Portraits“, 1994.
Ders, „Die Zukunft des Wohlfahrtstaates“, 1996.
Dean, John W., “Das Ende der Demokratie: die Geheimpolitik des George W. Bush“, 2005.
Dönhoff, Marion Gräfin, „Zivilisiert den Kapitalismus. Grenzen der Freiheit“, 1997.
Eco, Umberto, „Quasi dasselbe mit anderen Worten. Über das Übersetzen“, 2006.
Erhard, Ludwig, “Wohlstand für Alle“, 1957.
Ders, „Grenzen der Demokratie?“, 1973.
Eppelmann, Rainer, „Wendewege“, 1992.
Ders, „Fremd im eigenen Haus“, 1993.
Feuerstein, Andreas, „Human rights and the war on terrorism”, 2005.
Fest, Joachim, „Hitler. Eine Biographie“ 1973.
Finger, Stefan, „Franz Josef Strauß-Ein politisches Leben“, 2005.
Fischer, Joseph Martin (Joschka), Die Rückkehr der Geschichte. Die Welt nach dem 11. September ...“, 2005.
Forndran, Erhard, „Demokratie und demokratischer Staat in der Krise?“, 2002.
Fraenkel, Ernst, „Deutschland und die westlichen Demokratien“, 1990.
Frei, Norbert und Schmitz, Johannes, „Journalismus im Dritten Reich“, 1989.
Freie Universität Berlin (Hrsg.), „Gewerkschaftshandbuch“, 1997.
Frey, Eric, Schwarzbuch USA“, 2004.
Fukuyama, Francis, „Scheitert Amerika? Supermacht am Scheideweg“, 2006.
Funke, Manfred (Hrsg.), „Demokratie und Diktatur“ (Festschrift für Karl Dietrich Bracher), 1987.
Ders, „Parteien in der Kritik“, 1993.
Ders, „Rechtsextremismus in Deutschland“, 1994.
Garrow, David, „The FBI and Martin Luther King, jr.”, 1981
Geißler, Heiner, „Gefährlicher Sieg“, 1995.
Ders, „Der Irrweg des Nationalismus“, 1995.

Ders, „Das nicht gehaltene Versprechen“, 1997.

Ders, „Intoleranz. Vom Unglück unserer Zeit“, 2002.

Geisperger, Petra, „In göttlicher Mission: die amerikanische Zivilreligion in den Reden George W. Bush“, 2005.

Glotz, Peter, „Ron Sommer“, 2001.

Gorbatschow, Michail, „Perestroika, die zweite russische Revolution“, 1987.

Gore Jr., Albert „Al“, „Wege zum Gleichgewicht: Ein Marschallplan für die Erde“, 1992.

Grass, Günter, „Ein weites Feld“, 1995.

Ders, „Mein Jahrhundert“, 1999.

Ders, „Beim Häuten der Zwiebel“, 2006.

Gross, Johannes, „Begründung der Berliner Republik“, 1995.

Guéhenno, Jean-Marie, „Das Ende der Demokratie“, 1996.

Gumny, Armin, „Regieren im politischen System der BRD: am Beispiel der Agenda 2010“, 2006.

Gysi, Gregor, Harnisch, Hanno und Heider, Hannelore (Hrsg.), „Einspruch!: Aufsätze, Reden, Briefe, Gespräche/Gregor Gysi“, 2002.

Ders, „Ein Blick zurück, ein Schritt nach vorn“, 2002.

Habermas, Jürgen, „Theorie des kommunikativen Handelns“ 2 Bände, 1981.

Hacke, Christian, „Die Außenpolitik der Bundesrepublik Deutschland. Von K. Adenauer bis G. Schröder, 2003.

Ders, „Zur Weltmacht verdammt. Die amerikanische Außenpolitik von J.F. Kennedy bis G.W. Bush“, 2005.

Haffner, Sebastian, „Germany: Jeckyll & Hyde“, 1940/1996.

Ders, „Anmerkungen zu Hitler“, 1978.

von Hayek, Friedrich August, „The road to serfdom“ (Deutsch: Der Weg zur Knechtschaft), 1944.

Ders, „Die Verfassung der Freiheit“, 1991.

Herles, Wolfgang, „Wir sind kein Volk-eine Polemik“, 2004.

Ders, „Dann wählt mal schön-wie wir unsere Demokratie ruinieren“, 2005.

Herzog, Roman, „Wie der Ruck gelingt“, 2005

Ders. mit Günsche, Karl-Ludwig, „Mut zur Erneuerung“ (Interview mit Roman Herzog), 2000.

Hobbes, Thomas, „Leviathan“, 1651.

Hoff, Klaus, „Rechts und Links – zwei Schlagworte auf dem Prüfstand“, 1992.

Honecker, Erich, „Entwickelter Sozialismus und Gewerkschaften – Aus Reden und Schriften 1971-1982“, 1987.

Hoinle, Marcus, „Wer war Gerhard Schröder? Rollen und Images eines Bundeskanzlers“, 2006.
Huntington, Samuel P., „Kampf der Kulturen“, 1996.
Johnson, Chalmers, “Ein Imperium verfällt. Ist die Weltmacht USA am Ende?“, 2001.
Ders, „Der Selbstmord der amerikanischen Demokratie“, 2004.
Kant, Immanuel, „Kritik der reinen Vernunft“, 1781.
Ders, „Grundlegung zur Metaphysik der Sitten“, 1785.
Ders, „Die Metaphysik der Sitten“, 1797.
Kennedy, John Fitzgerald., „Profiles in courage“, (Deutsch: “Zivilcourage”), 1955.
Ders, “A nation of immigrants”, 1964.
Kepel, Gilles und Milelli, Jean-Pierre, „Al-Qaida. Texte des Terrors“, 2006.
King, jr., Martin Luther, „Wohin führt unser Weg. Chaos der Gemeinschaft.“, 1969.
Kirchhof, Paul, „Das Gesetz der Hydra. Gebt den Bürgern den Staat zurück!“, 2006.
Koschyk, Hartmut und Weiß, Konrad (Hrsg.), Von Erblasten und Seilschaften. Die Folgen der SED-Diktatur und Gefahren für die Demokratie“, 1996.
Kohl, Helmut, „Ich wollte Deutschlands Einheit“, 1998.
Ders, „Erinnerungen 1930-1982“, 2004.
Ders, „Erinnerungen 1982-1990, 2005.
Korte, Karl-Rudolf mit Hirscher, Gerhard, „Information und Entscheidung, Kommunikationsmanagement der politischen Führung“, 2003.
Ders. und Fröhlich, Manuel, „Politik und Regieren in Deutschland, Strukturen, Prozesse, Entscheidungen“,, 2006.
König, Jens, „Gregor Gysi: eine Biographie“, 2005.
Körner, Torsten, „Franz Beckenbauer: der freie Mann“, 2006.
von Krockow, Christian Graf, „Die Deutschen vor ihrer Zukunft“, 1993.
Ders, „Portraits berühmter deutscher Männer – Von Martin Luther bis zu Gegenwart“, 2001.
Krug, Manfred, „Abgehauen“, 2003.
Küng, Hans, „Der Islam. Geschichte. Gegenwart. Zukunft“, 2004.
Lafontaine, Oskar und Müller, Jutta, „Keine Angst vor der Globalisierung. Wohlstand und Arbeit für alle“, 1998.
Ders. und Schröder, Gerhard (Hrsg.), „Innovationen für Deutschland“, 1998.
Lafontaine, Oskar, „Das Herz schlägt links“, 1999.
Ders, „Die Wut wächst. Politik braucht Prinzipien“, 2003.
Ders, „Politik für alle. Streitschrift für eine bessere Gesellschaft“, 2005.
Leinemann, Jürgen, „Höhenrausch“, 2004/05.
Leonhard, Wolfgang, „Die Revolution entlässt ihre Kinder“, 1955.

Ders, „Das kurze Leben der DDR“, 1990.
Lepenies, Wolf, „Kultur und Politik. Deutsche Geschichten“, 2006.
Leyendecker, Hans, „Die Lügen des weißen Hauses“, 2004.
Machiavelli, Niccolò, „Discorsi. Gedanken über Politik und Staatsführung“, 1531.
Mathiopoulos, Margarita, „Das Ende der Bonner Republik“, 1993.
Mailer, Norman, „Heiliger Krieg: Amerikas Kreuzzug“, 2003.
Malcolm X, „The Autobiography Of Malcolm X“, 1965.
Mandela, Nelson, „Der lange Weg zur Freiheit“, 1994.
McNamara, Robert S. und VanDeMark, Brian, „Vietnam. Das Trauma einer Weltmacht”, 1996.
Mende, Jens, „Jürgen Klinsmann: wie wir Weltmeister werden“, 2006.
Miegel, Meinhard, „Die deformierte Gesellschaft“, 2002.
Ders, „Epochenwende“, 2005.
von Mises, Ludwig, „Die Gemeinwirtschaft“, 1922.
Ders, „Liberalismus“, 1927.
Ders, „Nationalökonomie“, 1940.
Moore, Michael, „Querschüsse – Downsize this“, 1996/97.
Ders, “Stupid white men”, 2001.
Ders, “Volle Deckung, Mr. Bush”, 2003.
Müller, Albrecht, „Machtwahn – Wie eine mittelmäßige Führungselite uns zugrunde richtet“, 2006.
Ders, „Die Reformlüge“, 2004.
Müller, Harald, „Amerika schlägt zurück. Die Weltordnung nach dem 11. September“, 2003.
Münkler, Herfried, „Imperien. Die Logik der Weltherrschaft-vom Alten Rom bis zu den Vereinigten Staaten“, 2005.
Negt, Oskar, „Wozu noch Gewerkschaften? Eine Streitschrift“, 2005.
Nixon, Richard M., „Beyond Peace“, 1994.
Noelle-Neumann, Elisabeth, „Die Schweigespirale: öffentliche Meinung-unsere soziale Haut“, 2001.
Dies, „Die soziale Natur des Menschen: Beiträge zur empirischen Kommunikationsforschung“, 2002.
Overesch, Manfred, „Gesamtdeutsche Illusion und westdeutsche Realität“, 1978.
Pepper, William F., „Die Hinrichtung des Martin Luther King“, 2003.
Popper, Karl, „Objektive Erkenntnis“, 1973.
Ders, „Auf der Suche nach einer besseren Welt“, 1984.
Rathgeb, Eberhard (Hrsg.), „Die engagierte Nation. Deutsche Debatten 1945-2005“, 2005.

Revel, Jean-Francois, „So enden die Demokratien“, 1985.

Richburg, Keith B., „Jenseits von Amerika. Eine Konfrontation mit Afrika, dem Land meiner Vorfahren“, 1998.

Risen, James, „State of War: die geheime Geschichte der CIA und der Bush-Administration“, 2006.

Röhrisch, Wilfried, „Die Demokratie der Westdeutschen. Geschichte und politisches Klima einer Republik“, 1988.

Rüttgers, Jürgen, „Dinosaurier der Demokratie. Wege aus der Parteienkrise und Politikverdrossenheit“, 1996.

Salinger, J.D., „Der Fänger im Roggen“, 2003.

Schäuble, Wolfgang, „Der Vertrag. Wie ich die deutsche Einheit verhandelte“, 1991.

Ders, „Und der Zukunft zugewandt. Perspektiven deutscher Politik“, 1994.

Schmidt, Helmut, „Die Mächte der Zukunft: Gewinner und Verlierer in der Welt von Morgen“, 2004.

Ders, „Auf dem Weg zur deutschen Einheit“, 2005.

Schneyder, Werner, „Zeitspiel“, 1997.

Scholl-Latour, Peter, „Weltmacht im Treibsand. Bush gegen die Ayatollahs“, 2005.

Schulze, Hagen, „Gibt es überhaupt eine deutsche Geschichte?“, 1989.

Schwanitz, Dietrich, „Bildung. Alles was man wissen muss.“, 1999.

Schwarz, Hans-Peter, „Adenauer. Der Aufstieg. 1876-1952“, 1986.

Ders, „Adenauer. Der Staatsmann. 1952-1967“, 1991.

Ders, „Anmerkungen zu Adenauer“, 2004.

Selenz, Hans-J., „Wildwest auf der Chefetage: Schröders Kampf um Salzgitter und die Kanzlerschaft“, 2005.

Singer, Peter, „Der Präsident des Guten und des Bösen – Die Ethik des George W. Bush“, 2004.

Sonneborn, Martin, „Ich tat es für mein Land-Wie TITANIC einmal die Fußball-WM 2006 nach Deutschland holte“, 2005.

Sontheimer, Kurt, „Grundzüge des politischen Systems der Bundesrepublik Deutschland, 1971.

Statistisches Bundesamt (Hrsg.), „Datenreport. Zahlen und Fakten über die Bundesrepublik Deutschland“ (Jahrgänge 1991-2004), 1991-2004.

Steinweg, Reiner (Hrsg.), „Friedensanalysen. Für Theorie und Praxis“ 24 Bde., 1976-1999.

Stiller, Michael, „Edmund Stoiber: der Kandidat“, 2002.

Stoiber, Edmund und Kabermann, Friedrich, „Das Maß der Dinge. Über die Kunst, das politisch Notwendige zu tun.“, 2001.

Stöss, Richard, „Rechtsextremismus im vereinten Deutschland“, 2000.
Ders, „Rechtsextremismus im Wandel, 2005.
Stürmer, Michael, „Die Grenzen der Macht. Begegnungen der Deutschen mit der Geschichte“, 1990.
Ders., „Welt ohne Weltordnung. Wer wird die Erde erben?“, 2006.
Ders, „Die Grenzen der Macht ...
Tankersley, K. B. und Pickering, R. B., „Sitting Bull's pipe. Rediscovering the man, correcting the myth", 2006.
Taylor, Colin F., „Sitting Bull and the white man's religion", 2000.
Teltschik, Horst, „329 Tage. Innenansichten der Einigung“, 1991.
Tibi, Bassam, „Die fundamentalistische Herausforderung. Der Islam und die Weltpolitik“, 1992.
Ders, „Einladung in die islamische Geschichte“, 2001.
Ders, „Der neue Totalitarismus. Heiliger Krieg und westliche Sicherheit.“, 2004.
Todenhöfer, Jürgen, „Wer weint schon um Abdul und Tanaya?“, 2003.
Ders, „Andy und Marwa – Zwei Kinder und der Krieg“, 2005.
Trenin, Dimitri, „Russland. Die gestrandete Weltmacht. Neue Strategien und die Wende zum Westen“, 2005.
Vogel, Bernhard (Hrsg.), „Ein Leben für Deutschland und Europa“ (Festschrift für Helmut Kohl), 2005.
Waigel, Theo (Hrsg.), „Unsere Zukunft heißt Europa: der Weg zur Wirtschafts- und Währungsunion, 1996.
Wehler, Hans-Ulrich, „Deutsche Gesellschaftsgeschichte, 4 Bände, 1987-2003.
Weidenfeld, Werner, „Herausforderung Terrorismus – Die Zukunft der Sicherheit“, 2004.
Ders, „Rivalität der Partner. Die Zukunft der transatlantischen Beziehungen“, 2005.
von Weizsäcker, Carl-Friedrich, „Wohin gehen wir? Der Gang der Politik-Der Weg der Religion“, 1997.
von Weizsäcker, Richard, „Drei Mal Stunde Null? 1949-1969-1989. 2001.
Wickert, Ulrich, „Deutschland auf Bewährung. Der schwierige Weg in die Zukunft“, 1997.
Wille, Andrè, „Die Rechtfertigung des Irakkriegs im Kontext der Nationalen Sicherheitsstrategie der USA 2002“, 2006.
Woodward, Bob, „Bush At War – Amerika im Krieg“, 2002.
Ders, „Der Angriff. Plan of Attack“, 2004.
Ziegler, Jean, „Die neuen Herrscher der Welt und ihre globalen Widersacher“, 2003.
Ders, „Das Imperium der Schande. Der Kampf gegen Armut und Unterdrückung“, 2005.